예스 1,

휴먼 드라마

예스 1, 휴먼 드라마

발행일   2017년 5월 10일

지은이   임 동 훈
펴낸이   손 형 국
펴낸곳   (주)북랩
편집인   선일영   편집   이종무, 권혁신, 송재병, 최예은
디자인   이현수, 이정아, 김민하, 한수희   제작   박기성, 황동현, 구성우
마케팅   김회란, 박진관
출판등록   2004. 12. 1(제2012-000051호.)
주소   서울시 금천구 가산디지털 1로 168, 우림라이온스밸리 B동 B113, 114호
홈페이지   www.book.co.kr
전화번호   (02)2026-5777   팩스   (02)2026-5747

ISBN   979-11-5987-555-7 04230(종이책)   979-11-5987-556-4 05230(전자책)
          979-11-5987-557-1 04230(세트)

이 도서의 국립중앙도서관 출판예정도서목록(CIP)은 서지정보유통지원시스템 홈페이지(http://seoji.nl.go.kr)와
국가자료공동목록시스템(http://www.nl.go.kr/kolisnet)에서 이용하실 수 있습니다.
(CIP제어번호 : CIP2017010732)

예수 나라 옴니버스 1번

예스 1,

휴먼 드라마

임동훈 지음

60년 인생의 숱한 고난과 좌절을 믿음의 힘으로 극복한
감동 신앙 간증집

북랩 book Lab

글머리에

시도 때도 없이 찾아오는 시름을 달래보려고, 2003년 11월 2일부터 자판을 두드리기 시작했다. 내가 보지 못한 선조 이야기는 족보나 전승, 구전 등에 의했고, 내가 본 윗대 이야기는 직접 보고 듣고 느낀 점을 적었다. 또 내가 실제로 경험한 인생담, 환상과 꿈, 에피소드 등도 기록했다.

나를 볼수록 민망하기 짝이 없고, 지난날을 생각할수록 부끄럽기 한이 없다. 무거운 짐을 지고 모질게 살아온 지도 어언 60년이 지났다. 기다리는 마음도 부르짖는 절규도 이제 모두 지쳐버렸다. 깨지고 망가진 인생이 어찌 주님을 뵐지 그게 걱정이다. 애당초 태어나지 않았다면 오죽이나 좋겠는가마는, 그게 어디 사람의 마음대로 될 일이던가?

심심찮게 찾아온 죽음의 그늘 밑에서, 하나님의 계시는 내 삶을 지켜준 버팀목이 되었다. 말씀을 통한 위로와 격려, 기도를 통한 자유와 평화, 성령을 통한 인도와 보호가 있었다. 그중에서 가장 큰 힘이 되었던 것은, 1992년 5월초 어느 봄날 이른 새벽, 나를 공중부양(空中浮揚)시킨 주님의 음성이었다.

"이제는 네가 산 것이 아니다!"

하지만 나는 여전히 죽지 않고 모진 세월을 보냈다. 주님의 계시도 까맣게 잊어버렸다. 무력하고 무능한 나를 나 자신도 어쩔 수가 없었다. 만경창파의 개구리밥처럼 마냥 떠돌아다니며 살았다. 제멋대로 살면서 온갖 죄를 저질렀다. 숱한 고난을 당하고 좌절을 맛보면서도 그저 그렇게 하루하루를 보냈다. 그럼에도 늘 나와 함께하시는 분이 계셨다. 주님이셨다. 주님이 내가 싸지른 온갖 불순물을 치워주셨다.

이제 그 흔적을 『예수 나라 옴니버스』에 싣고 천국 여행을 시작한다. 이는 내 인생 넋두리요, 신앙 간증이요, 세상에서 유일한 하나님의 계시요, 다양한 영성 이야기다. 1번 버스 『휴먼 드라마』에 이어서 천국 귀성객을 모시고 계속 여행할 것이다.

예수 나라 옴니버스 1번 『예스 1, 휴먼 드라마』는 내 가족 이야기와 자전 이야기, 애증의 강을 건너지 못한 사랑 이야기, 그리스도인으로서 꿈과 환상, 신앙 간증 등이 실렸다. 실존 인물의 프라이버시 문제 등으로 가급적 실명을 삼갔으며, 부득이 원고 일부를 수정하거나 삭제도 했다.

사랑의 하나님께서 부족한 사람을 여기까지 인도해주셨다. 그동안 숱한 난관 속에서도 시간과 장소 등 모든 여건을 조성해주시고, 까마득하게 잊어버린 옛 기억까지 되살려주신 주님께 무한 감사를 드린다.

이 글이 독자들에게 타산지석(他山之石)이라도 된다면 무엇을 더 바라겠는가? 성령님의 이끄심과 비추심이 여러분들과 함께하기를 기도한다.

"내게 맡겨주신 이 교훈은 복되신 하나님의 영광스러운 복음을 따른 것입니다. 나는 이 복음을 전할 임무를 맡았습니다." (디모데전서 1. 11)

2017. 4. 20
예수나라 청지기

차 례

제4편 애증의 물결 / 133

제5편 무지개 은혜 / 173

제1편

인간 이야기

001. 뿌리

1980년대 후반쯤으로 기억된다. 본가에서 오랫동안 보관해오던 족보와 문중에서 새로 구입한 계보를 비교하면서, 우리 가문에 대한 뿌리를 살펴볼 기회가 있었다. 그리고 내친김에 울진 수산에 있는 시조의 선영도 찾아보았다. 선묘 아래 사당이 있었고, 사당 아래 선산을 관리하는 후손이 살았다.

얼마 후 아버지를 모시고 다시 선묘를 찾았다. 아버지는 일일이 손으로 짚어가며 차근차근 비문을 읽어본 뒤, 안주머니에서 소주 1병을 꺼내 2잔 부어 올리고 2번 절했다. 그리고 감격에 찬 어조로 말했다.

"여기에 합장된 어른들이 우리 시조가 맞다!"

수풀 임(林) 씨의 창씨는 이렇게 전해진다. 중국 서하에 살던 비간(比干)이, 은나라 주왕(紂王)의 폭정을 못 이겨 죽음을 무릅쓰고 직간하다가 참형을 당했으며, 그 아들 견(堅)이 장림산(長林山, 백두산)에 은거하면서 성을 임씨로 했다.

평택(平澤) 임씨는 도시조(都始祖)로 알려진 팔급(八及)이, 당나라 문종 때 한림학사(翰林學士)로 동래하여 팽성(평택) 용주방에 세거하였던 바, 그 후손이 본관을 평택으로 했다.

울진(蔚珍) 임씨는 팔급의 14대손 우(祐)가, 고려 시대 은청광록대부에 올라 중부상서를 지내고, 호종공신으로 울릉군(蔚陵君)에 봉해지자, 그를 시조로 하여 평택 임씨에서 분적, 본관을 울진으로 했다.

울진 임씨의 항렬은 다음과 같다.

世	21	22	23	24	25	26	27	28	29	30	31	32	33	34
行列	원源	재裁	기起	선善	승乘	동東	희熙	달達	태兌	형炯	래來	연然	수壽	진鎭

평택 임씨 시조에서 울진 임씨 시조까지 세계는 이렇게 전해진다. 팔급(八及)이 양저(良貯)를, 양저가 무(珷)를, 무가 희(稀)를, 희가 만(曼)을, 만이 득우(得雨)를, 득우가 몽주(夢周)를, 몽주가 견미(見美)와 기미(其美)와 계미(季美)를, 계미가 완(浣)을, 완이 후(厚)를, 후가 언(彦)을, 언이 간(幹)과 중간(仲幹)을, 중간이 종비(宗庇)와 민비(民庇)와 광비(光庇)를, 종비가 우(祐)를 낳았다.

울진 임씨 시조에서 영양 방전으로 이주한 20세까지 세계는 이렇게 이어졌다. 우(祐)가 이직(以直)과 상직(尙直)을, 이직이 득배(得培)와 득양(得壤)을, 득배가 만원(萬源)을, 만원이 여정(呂檉)을, 여정이 응준(應俊)과 득부(得副)를, 응준이 중빈(重彬)과 중순(重淳)을, 중순이 욱경(旭卿)을, 욱경이 조환(朝煥)을, 조환이 유경(有景)과 복경(福景)을, 유경이 훤(萱)과 순(筍)을, 순이 홍(洪)과 광(洸)을, 광이 건수(建秀)를, 건수가 달성(達成)을, 달성이 상(湘)을, 상이 사립(師笠)을, 사립이 이남(履楠)과 이순(履淳)을, 이순이 상우(尙遇)와 상택(尙澤)을, 상우가 영제(榮第)를, 영제가 치서(致瑞)와 치응(致應)과 치보(致輔)를 낳았다.

울진 임씨 20세에서 27세까지 세계는 이렇다. 치서(致瑞)가 지빈(之彬)과 지연(之淵)을, 지빈이 광건(光鍵)과 광정(光鋌)을, 광건이 권기(權起)와 창기(蒼起)를, 창기가 선덕(善德)과 선우(善友)와 선부(善夫)를, 선부가 만승(萬承)과 경승(敬承)을, 경승이 서연(抒妍)과 동훈(東勳)과 동운(東雲)과 동화(東花)와 동미(東美)와 동윤(東允)을 낳았다.

그리고 서연은 김씨 가문으로 출가하여 영창과 숙영과 영민을, 동훈은 드보라와 실라를, 동화는 신씨 가문으로 출가하여 희주와 희라와 희규를,

동미는 이씨 가문으로 출가하여 선민과 대건을, 동윤은 준하를 낳았다.

임씨 도시조 팔급은 서기 830년경 동래팔학사(東來八學士)로 신라에 들어와 이부상서를 지냈고, 양저는 경선왕자 정현의 사위로 태사를 지냈다. 고려에서 득우는 금시위를, 계미는 현종 때 금자광록대부를, 완은 문종 때 평장사를, 후는 숙종 때 우습유를, 언은 숙종과 예종 때 예부시랑, 병마사, 별감, 우부승의, 도지병마할사, 한림시강학사, 동지공거, 우련의대부를, 중간은 의종 때 광평낭중을, 종비는 명종 때 한림학사를 지냈다.

울진 임씨 시조 우는 고려 고종 원년(1214년)에 등과하여, 용호좌윤을 거쳐 은청광록대부에 올라 중부상서에 이르렀고, 몽고의 침략을 토평하는 데 공을 세워 호종공신에 올라 울릉군에 봉해졌으며, 이직은 삼사태상경을, 득배는 원종 때 산원동정을, 만원은 중추원사를, 여정은 봉익대부와 판사를, 응준은 공조전서를, 중순은 부사직을 지냈다. 조선에서 욱경은 한성판윤을, 조환은 전라도사우부령을, 유경은 전력부위를, 순은 이조정랑을 지냈다.

울진에서 영덕으로 이주한 이순은 1752년 63세를 일기로, 상우는 1779년 77세를 일기로, 영제는 1808년 68세를 일기로 열조에게 돌아갔다. 이후 영양으로 이주한 치서는 1822년 63세를 일기로, 지빈은 1841년 58세를 일기로, 광건은 1886년 65세를 일기로, 창기는 1905년 51세를 일기로, 선부는 1962년 75세를 일기로 열조에게 돌아갔다.

그런즉 수풀 임씨는 주전 11세기 은나라 견(堅)에 의해 백두산에서 창씨되었고, 평택 임씨는 주후 9세기 당나라 팔급(八及)이 신라에 들어와 평택에 거주함으로써 이어졌으며, 울진 임씨는 팔급의 14세손 우(祐)가 13세기 고려 때 울릉군에 봉해짐으로써 평택 임씨에서 나누어졌다.

우리 조상도 대를 이어야 한다는 관념에 사로잡혀 있었다. 그러니까 내가 태어나기 7년 전 이미 백부는 세상을 떠났고, 백부의 아들도 백부보다 먼저 죽었던 바, 사실상 백부의 대는 끊어지고 말았다. 그런데 장자의 대가 끊어지게 해서는 안 된다는 생각으로 나를 백부의 아들로 족보에 등재했다.

하나님께서 태초에 아담과 하와를 만드셨다. 이후 우리가 누구누구를 거쳐 여기까지 오게 되었고, 우리의 후손은 어떻게 이어질지 관심사임에 틀림이 없다. 하지만 그에 대해 아는 사람은 아무도 없다. 다만 아담과 하와가 우리의 맨 처음 조상이며, 그 위는 하나님이라는 사실이다.

"어리석은 논쟁과 족보 이야기, 분쟁, 율법의 다툼을 피하십시오. 이런 것은 무익하고 헛될 뿐입니다." (디도서 3, 9)

002. 할아버지

할아버지 임현갑(林鉉甲, 선부)과 할머니 황평해(黃平海)는 19세기 사람이다. 20세기 초 결혼하여 8남매를 낳았다. 장녀는 영해 밤나무골 정(鄭) 씨 가문으로 출가하여 7남매를 낳았고, 장남은 안동 류(柳) 씨 가문의 규수와 혼인하여 아들까지 낳았으나 부자가 모두 세상을 일찍 떠났다. 그리고 아들 다섯이 더 있었으나 결혼 전에 모두 죽었고, 노년에 낳은 늦둥이 하나만 살아서 대를 이었다.

증조부 임영벽(林永壁, 창기)은 4촌 동생 효기(孝起)와 함께 고조부 광건(光鍵)이 살던 방전을 떠나 화천으로 이주했다. 19세기 후반이었다. 그때 화천 마을은 임씨 골목을 이루었다. 사실 증조부와 그 아들 3형제, 증조부의 4촌과 그 자손이 마을을 일구고 살다가 거기서 모두 뼈를 묻었다.

하지만 그 아랫대는 화천을 떠나 뿔뿔이 흩어졌다. 백조부의 자손은 윗대가 살던 방전으로 돌아갔고, 중조부의 외동딸은 청송 신 씨 가문으로 출가했고, 조부의 외아들만 마을을 지키다가 끝내 떠남으로써, 화천에서 임씨는 더 이상 찾아볼 수 없게 되었다.

서울로 이사한 아버지는 얼마 후 청송 진보로 내려갔다. 중조부의 외딸인 아버지의 4촌 누이가 사는 곳이다. 그 고모는 아버지와 나이는 같았으나 생일이 늦었으며, 아버지 항렬의 유일한 혈족이다. 아버지는 영양 화천이나 방전을 택하지 않고, 청송 진보를 택해 낙향했다.

증조부 4촌의 손자는 일찌감치 화천을 떠나 여기저기 떠돌아다니며 살았다. 어릴 때 할머니와 함께 먼 길을 걸어 그들이 사는 오두막을 찾은 적이 있다. 내가 알기로도 숱하게 이사를 했고, 그들이 우리 집을 찾을 때까지, 어디서 무엇을 하며 어떻게 지내는지 알 수도 없었다. 그들의 살림살이는 정말 어려웠다. 나와 같은 항렬의 형과 동생이 지금 경기도에 살고 있다. 벌써 10촌이다. 하지만 그 윗대가 독자로 쭉 이어져 내가 가장 가까운 친척이다.

일찍이 증조부가 마을을 일구고 살았던 영양 화천, 지금은 다 떠나고 일가친척이라곤 없다. 아버지가 1980년대까지 마을을 지켰으나, 1970년 일어난 내 사고, 1981년 발생한 동생의 죽음, 그리고 매제의 사고사까지 겹치자 아버지의 마음은 크게 흔들렸다.

"우리가 여기서 너무 오래 살았어!"

이후 아버지는 실의에 빠져 하루하루를 지내다가, 도로확장 공사로 우리 집이 일부 수용되자 아예 팔고 서울로 이사했다. 그렇게 마지막 임씨 가문이 화천을 떠났고, 조상들의 선영만 남게 되었다.

내가 태어난 집은 조그만 초가삼간이었다. 할아버지가 산에서 나무를 베다가 직접 지었다. 배나무, 감나무, 대추나무, 앵두나무, 고욤나무 등도 할아버지가 손수 산에서 캐다가 심었다.

할아버지는 사랑방에서 지냈다. 외출할 때마다 참빗으로 머리를 빗고 상투를 틀었다. 일제의 단발령이 내려진 지 꽤 오래되었으나 여전히 상투를 틀고, 탕건 위에 갓을 쓰고, 두루마기를 입고, 짚신을 신고, 괴나리봇짐을 등에 지고 집을 나섰다. 그러다가 어느 때부터 머리를 깎고, 짚신 대신 고무신을 신었다.

하루는 할아버지가 할머니 전방에 나왔다. 내 기억으로 모두 합쳐야 두세 번 정도였다. 그때마다 할머니는 뭐라고 나무라면서 얼른 돌아가라고 했다. 할아버지는 아무 말 없이 한쪽 구석에 앉았다가 담배만 한 대 피우고 돌아갔다. 내가 보았던 할아버지와 할머니의 만남은 그게 전부였다.

할아버지가 돌아가신 뒤, 이웃집 할아버지가 자주 놀러와 할머니와 화투를 쳤다. 그 할아버지는 아들 다섯을 두었으나 할머니가 일찍 세상을 떠나고 없었다. 우리 할머니와 그 할아버지는 서로 친절히 대해주었다. 그 할아버지는 수염이 길어 산신령과 같았다.

우리 할아버지는 늘 지게를 지고 다녔다. 전형적인 농사꾼이자 나무꾼이었다. 집으로 돌아올 때는 항상 무엇을 지고 왔다. 빈 지게로 돌아온 적이 한 번도 없었다. 가시가 많은 아카시아와 속고갱이 많은 소나무 밑둥치, 비틀어지고 꾸불꾸불한 잡목을 지고 왔다. 나중에 알고 보니 그런 나무가 화력이 좋았다.

실로 할아버지는 패기 힘들고 험상궂은 나무를 주로 지고 왔다. 어떤 것은 팰 수가 없어 모탕으로 쓰기도 했다. 아카시아를 손도끼로 토막토막 쪼아 가지런히 쌓아두고 손수 군불을 땠다. 사랑방 아궁이 앞에서 쪼그리고 앉아 불을 지피던 할아버지, 어설픈 나뭇가지를 잘라 한 다발씩 묶던 모습이 지금도 눈에 선하다. 할아버지의 손도끼는 얼마 전까지 아버지가 썼으나 지금은 내가 가지고 있다. 자루 없는 알 도끼로 교회당 보일러실에 두었다.

할아버지는 장날마다 좋은 장작을 골라 한 짐 지고 읍내에 갔다. 5일장이 서는 읍내는 우리 집에서 6km 남짓했다. 나무를 팔아 지인들과 막걸리를 마시며 이런저런 얘기를 나누다가 해질녘 돌아왔다. 할아버지 지겟가지에는 항상 소금에 절인 고등어 한 손이 매달려 있었다. 어머니는 매일 아침 한 토막씩 구워서 할아버지 밥상에 올렸다.

또 할아버지는 집안에 큰일이 있을 때마다 빠지지 않고 다녀왔다. 그리고 어머니를 불러 작은 봉지를 건네주었다. 그때 떡과 고기, 과일 등을 조금씩 싸주는 음복(飮福) 풍습이 있었다. 집에 있는 가족들도 맛이나 보라는 미풍양속이었다.

당시 떡이나 이밥, 고기반찬 등은 제삿날이나 추석, 설날이 아니면 구경하기 힘들었다. 그러다 보니 제사를 지낸 후에도 이웃에게 음식을 나눠주는 풍습이 있었다. 어느 집에 제사가 있는 날이면, 사람들이 그 집에 모여 밤늦게까지 놀다가 그 음식을 얻어먹고 돌아갔다. 그때 통상적으로 자정에 제사를 지냈다.

나는 일찍부터 할머니와 함께 전방에서 지냈다. 그러다가 7살 때 할아버지가 돌아가셨다. 그래서 할아버지에 대한 기억이 그리 많지 않다. 나중에 알게 되었지만, 할아버지는 중풍으로 쓰러져 3년 동안 병시중을 받았다.

1962년 5월 25일 아침, 아버지와 어머니 그리고 우리 3남매가 한 상에 둘러앉아 밥을 먹고 있었다. 그때 할머니가 슬그머니 방문을 열었다. 갑작스러운 할머니의 출현에 모두 깜짝 놀라 쳐다보았다. 할머니가 나지막한 목소리로 말했다.

"애들아, 사람이 죽었는데 밥만 먹고 있느냐?"

그때 상황이 지금도 눈에 선하다. 할머니는 할아버지의 죽음이 의외가 아니라는 듯, 전혀 당황하지 않고 침착하게 말했다. 기역 자로 꼬부라진 허리를 한껏 펴고 긴 숨을 내쉬며, 쪼글쪼글한 입술로 또박또박 말했다. 하지만 간간이 입술이 떨렸다.

아버지와 어머니는 즉시 숟가락을 놓고 밖으로 뛰쳐나갔다. 금세 마을 사람들이 몰려와 웅성거렸다. 마당에 나가 보니 할아버지가 입던 하얀 한복이 지붕 위에 던져져 있었다. 초상난 집이라는 표시로 보였다. 나중에 들은 얘기지만, 그날 어머니는 평소와 다름없이 밥상을 들고 사랑방에 갔다. 그리고 이렇게 말하고 나왔다.

"할배요, 식사하이소!"

그즈음 전방에 있던 할머니는 뭔가 자꾸 이상한 예감이 들어 본가로 돌아오셨다. 그리고 사랑방에 들어가 보니, 아닌 게 아니라 할아버지는 이미 숨을 거두신 뒤였다. 비록 노년에 따로 지내기는 했지만, 마지막 가는 길에 텔레파시가 통했던 모양이다.

할아버지가 돌아가신 날, 나는 벚나무 아래 모여 있는 아이들에게 한껏 으스대며 말했다.

"우리 할배 죽었다! 우리 집에서 떡 하면 많이 줄게."

"정말?"

"그래."

"약속!"

그러면서 아이들과 새끼손가락을 걸었다. 나는 사람이 죽는 게 그리 큰 일인지 몰랐다. 아이들에게 떡을 줄 수 있다는 호의에만 관심이 있었다. 사실 나는 어릴 때부터 남에게 주는 것을 유달리 좋아했다. 당시 떡을 먹는다는 것도 그리 쉬운 일이 아니었다.

할아버지 장삿날, 나는 삼베조각이 달린 대나무 기를 들고 장례행렬보다 몇 발짝 앞서 산으로 올라갔다. 장례식 기는 붉고 긴 천에 한문으로 쓴 것과 단순히 삼베조각을 매단 것이 있었다. 그중에 작고 가벼운 것을 내가 들었고, 크고 무거운 것을 고종사촌 형이 들었다. 장례식이 끝나자 사랑방에 상막이 차려지고 삼년상이 치러졌다.

아버지와 어머니는 3년 동안 매일 아침상을 올리고 애곡했다. 사랑방에 들어가면 으레 상복을 입었으며, 대나무 지팡이를 짚고 "아이고, 아이고!" 하면서 곡을 했다. 나는 그 상방이 너무 무서웠다. 항상 어둡고 침침했으며, 벽에 걸린 삼베옷과 구석에 세워진 대나무, 짚으로 베개처럼 둥글게 말아놓은 복난가리, 향 냄새, 시커먼 상 위에 세워진 위폐 등이 보기만 해도 소름이 끼쳤다. 상 뒤에 세워진 병풍 속에서 누가 튀어나올 것만 같았다.

"모든 육체는 풀과 같고, 그 아름다움은 들의 꽃과 같다. 풀은 마르고 꽃은 시드나, 우리 하나님의 말씀은 영원히 서 있다." (이사야 40. 6-8)

003. 할머니

　할머니 황평해(黃平海)의 가문에 대한 이야기는 별로 들은 게 없다. 다만 할머니의 오빠가 여럿 있었는데, 일제 강점기 독립운동을 한다고 만주(滿洲)로 간 뒤 모두 소식이 끊어졌다고 들었다. 그래서 할머니의 가족은 언니가 유일했으며, 영덕 신리의 박(朴) 씨 가문으로 출가하여 살았다.

　어렴풋하지만 할머니의 언니는 할머니의 모습과 비슷했다. 할머니에 비해 얼굴이 약간 둥근 편이었고, 키가 조금 작았으며, 몸이 좀 뚱뚱했다. 신리는 우리 집에서 그리 멀지 않았다. 나는 할머니와 함께 버스를 타고 가끔씩 놀러 갔다.

　큰할머니의 둘째 아들은 군 복무 중 다쳐서 턱이 없었다. 그래서 턱이 없는 아들이라고 불렀다. 큰할머니와 사는 큰아들 집은 당수나무 옆의 기와집이었다. 먹고살기에 어려움이 없었다. 둘째 아들 역시 그리 멀지 않은 곳에 살았다. 할머니가 큰할머니를 찾을 때마다 적어도 한 끼 정도는 둘째 아들 집에서도 음식을 준비하여 초대했다.

　어느 날 할머니와 함께 그 둘째 아들 집에 가서 밥을 먹었다. 우리 집에서 먹어보지 못한 정말 맛있는 음식이었다. 그 기억은 수십 년 동안 지워지지 않았다. 그런데 그 둘째 아들이 소주 4병을 마시고 배에 불이 나 죽었다. 아버지가 그의 친구들을 통해 들은 바로는, 실제로 코에서 연기가 솔솔 났다고 한다.

　우리 할머니는 임 씨 호적에 오를 때까지 이름이 없었다. 호적 공무원이 직권으로 지어 등재했다.

　"이름이 없다고요? 그러면 그냥 '평해'라고 하세요."

그래서 할머니는 본(本)도 평해(平海)요, 이름도 평해(平海)가 되었다. 할머니의 시어머니는 권(權) 씨였고, 친어머니는 손(孫) 씨였다. 모두 이름이 없었다. 할머니도 혼인 신고할 때까지 그냥 황(黃) 씨였다.

할머니는 1895년생으로 1888년생 할아버지보다 7살 연하였다. 여러 자녀를 낳고 단산하기를 바랐으나 노년에 또 임신을 했다. 그때 북두칠성 가운데 하나가 치마폭에 떨어지는 태몽을 꾸었다. 그래서 막내아들은 태어나자마자 북두칠성에 팔렸다. 그리고 개고기를 먹지 못하게 했다. 실로 내 아버지는 평생 개고기를 입에 대지 않았다. 한국형 나실인(Nazirite)이었다. 그 말을 듣고 나도 한동안 개고기를 먹지 않았으나 언제부턴가 먹기 시작했다.

할머니는 늦둥이가 임신하자 유산을 시키려고 회충약을 사 먹기도 했고, 논둑에서 여러 번 뛰어내리기도 했다. 하지만 할머니의 애틋한 노력은 실패로 돌아갔다. 결국 늘그막에 아들을 낳았다. 그가 바로 내 아버지다. 아버지를 낳을 때 할머니는 44세였고, 할아버지는 51세였다. 그야말로 아버지는 운 좋게 태어났다. 그때 할머니의 딸은 출가하여 2살짜리 아들이 있었다.

할머니의 장남은 결혼하여 1945년 해방둥이를 낳았으나, 일본을 다녀온 뒤 병을 얻어 자리에 눕게 되었다. 혀가 꼬부라지는 병이었다. 설상가상으로 병석에서 아들까지 잃었다. 그때 이렇게 말했다고 한다.

"어머니, 너무 상심하지 마세요. 제가 아직 젊잖아요. 제 병만 나으면 아이는 얼마든지 낳을 수 있어요."

내가 어릴 때 누렇게 바랜 백부 사진 1장을 보았다. 벚꽃이 만발한 동경(東京) 어느 거리에서 007가방을 들고 있었다. 금색 양복에 넥타이를 매고 포즈를 취한, 눈망울이 또록또록하고 핸섬한 청년이었다.

그런데 백부는 끝내 병석에서 일어나지 못하고, 1949년 세상을 등지고 말았다. 남편과 아들을 한꺼번에 잃은 백모 유 씨는, 얼마 후 안동 예안의 이 씨 가문으로 재혼하여 임씨 호적에서 제적되었다. 할아버지와 할머니는 집 뒤쪽 언덕에 아들을 묻었고, 아버지와 나는 한동안 그 산소를 돌보았다.

할머니의 차남은 1946년 20살의 나이로 형보다 먼저 세상을 떠났다. 이들 외에도 할머니는 여러 아들을 두었으나 모두 요절했다. 무슨 연유로 죽었는지 들은 바가 없다. 하지만 노년에 낳은 막내아들, 그토록 유산시키려고 애썼던 늦둥이, 그가 장성하여 대를 이었다. 그래서 할머니가 낳은 8남매 가운데 첫딸과 막내아들만 후손을 보았다.

할머니는 학교 앞에서 조그만 전방(廛房)을 했다. 서너 평쯤 되는 판잣집으로 하꼬방이라 불렀다. 방 하나에 작은 가게가 딸려 있었다. 신작로 옆이라 바람이 몹시 불었고 무척 추웠다. 판자때기에 붙여놓은 신문지가 늘 펄럭거렸다. 머리맡에 둔 마실 물이 꽁꽁 얼었고, 방에 들여놓은 음료수 병이 얼어 터졌다.

나는 유년 시절의 대부분을 전방에서 할머니와 지냈다. 6살부터 지게를 지고 나무를 하여 전방 땔감을 책임졌다. 그러나 밥은 가급적 본가에서 먹었다. 아버지가 친지들의 조언을 받아들여 그렇게 하라고 시켰다.

어느 날 전방 아궁이 앞에서 10환짜리 구리동전을 주웠다. 난생처음 맛본 짜릿한 수익이었다. 얼마나 가슴이 벅차고 울렁거렸는지 모른다.

"할매, 나 구리동전 하나 주웠다!"

그리고 1962년 화폐개혁이 있었다. 그때 10환짜리 동전이 1원이 되었고, 1원짜리 붉은 지폐가 나왔다. 하얀 은전도 새로 선을 보였으나 팔랑개비같이 가벼워서 돈 같지도 않았다.

아버지가 전방 물건을 사러 읍내에 갈 때마다 금고를 열어 돈을 간추렸다. 금고는 송판으로 만든 작은 상자였고, 장석을 박아 조그만 자물쇠로 채워놓았다. 위쪽에 구멍이 뚫려 있어 돈을 밀어 넣을 수 있었다. 금고의 돈을 쏟아부을 때는 우리 집이 세상에서 가장 큰 부자로 여겨졌다.

아버지는 1원짜리 붉은 지폐를 100장씩 모아 고무줄로 묶었다. 대개 서너 다발쯤 되었다. 그리고 두세 번씩 세어 확인하고, 보자기에 돌돌 말아 허리춤에 찼다. 돈을 셀 때는 할머니와 내가 옆에서 지켜보았다. 동전도 조금만 남겨두고 모두 신문지에 쌌다. 읍내까지는 6km쯤 되었고, 길이 좋지 않아 왕복 하루가 걸렸다. 주로 빵이나 과자 등 잡화, 공책이나 연필 같은 문구류를 사 왔다.

우리 거래처는 명성상회였다. 바로 옆에 장춘상회가 있었으나 별로 거래하지 않았다. 명성상회 주인은 몸집이 뚱뚱한 할머니였다. 나중에 아들이 대를 이었는데, 그의 체구도 대단했다. 거기서 사온 물건을 판자때기로 만든 계단식 진열대에 가지런히 쌓았다.

그리고 전방 판자벽은 마을 홍보물을 붙이는 게시판이었다. 1960년 일어난 4.19 혁명과, 1961년 발생한 5.16 쿠데타에 이어서 대통령 선거가 있었다. 대통령 후보들의 사진이 우리 판잣집 벽에 나란히 붙었다.

아버지는 할아버지가 돌아가신 후 땅을 모두 팔았다. 할아버지가 지은 집도 팔고 신작로 집을 사서 이사했다. 그때 아버지는 26세였다. 증조부와 조부 3형제가 피땀을 흘려 일구었던 땅을 다 팔았다. 할머니는 할머니 친구들에게 가끔씩 이런 말을 했다.

"그 좋은 땅이 있었기에 해방 후 큰 흉년이 들었을 때도 우리 집은 콩가마를 쌓아놓고 나눠주며 살았지."

할머니는 젊었을 때 얼마나 일을 많이 했는지 허리가 기역자로 굽었다.

내가 사회생활을 시작할 때까지 나를 위해 모든 인생을 바쳤다. 하지만 나는 참으로 안타까운 청소년 시절을 보냈다. 크고 작은 사고도 많이 쳤다. 하지만 할머니는 한마디도 없이 나를 지켜보기만 했다. 사실 나는 젖 뗄 때부터 할머니와 함께 살았지만, 할머니가 화를 내거나 다투는 모습을 본 적이 없다. 모든 것을 참고 기다리며 받아들였다.

할머니가 어떻게 언니와 단둘이 살게 되었는지 자세히 모르지만, 다른 할머니들과 나눈 이야기를 통해 대충 들은 바로는, 오빠들이 독립군으로 만주에 가서 모두 죽은 것으로 알고 있었다. 그리고 할머니의 부모는 어린 두 딸이 보는 앞에서 아주 끔찍하게 돌아가신 듯했다. 그래서 그 사건을 목격한 할머니 자매는, 참으로 어리석은 듯이 보이는 약속을 자주 했다고 한다.

"우리는 잠자다가 죽자!"

그런데 너무나 놀랍게도, 할머니 자매의 그 약속은 한 치의 오차도 없이 그대로 이루어졌다. 할머니의 언니는 80대 중반에 정말 잠자다가 돌아가셨다. 밤에 야식까지 먹고 잠자리에 들었다고 한다. 그런데 다음날 아침, 할머니의 언니는 더 이상 일어나지 않았다. 막둥이 손자가 할머니를 흔들어 깨웠으나 꿈쩍하지 않았다.

"엄마, 할매가 이상해요!"

부엌에서 아침을 차리던 며느리가 그 말을 듣고 방에 들어가 보니, 큰할머니의 몸은 이미 싸늘했다고 한다. 할머니의 언니는 그렇게 세상을 떠났다. 동생인 내 할머니와 맺은 약속을 어김없이 지켰다.

내가 어릴 때 동네 할머니들이 밤마다 우리 집에 모였다. 그야말로 할머니들의 아지트였다. 할머니와 함께 지낸 나는 할머니들의 이야기를 들으며 자랐다. 주로 일가친척이나 마을 사람들이 살아가는 이런저런 얘기였다.

그러다가 누가 이야기책을 읽기 시작하면, 모두 약속이라도 한 듯이 그 자리에 비스듬히 기대 누웠다. 대부분의 할머니가 글을 몰랐으나, 우리 할머니는 책을 조금 읽을 줄 알았다. 쉬엄쉬엄 리듬을 넣어 읽었다. 낡고 너덜너덜한 붉은 한지에 누군가 붓으로 쓴 것도 있었고, 선명한 컬러로 그림을 그려 넣고 목판으로 찍은 것도 있었다. 그때 할머니는 가끔 이 말을 했다.

"언니는 나와 한 약속을 잘 지켰는데, 나는 어떻게 될지 걱정이야."

그러나 할머니의 걱정은 기우였다. 1980년 6월 어느 날, 어머니가 아침상을 들고 아래채 방문을 열었더니, 할머니가 수의를 차려입고 앉아 담배를 피우고 있었다. 수의는 할아버지가 돌아가신 뒤 얼마 있다가 만든 것으로, 늘 아랫방 천정에 매달려 있었다. 나는 할머니가 가끔씩 그 수의를 꺼내 살펴보는 모습을 보았다.

할머니는 평생 술이나 고기를 입에 대지 않았다. 담배는 할아버지가 돌아가신 후 즐겨 피웠다. 담배 조리하고 남은 부스러기를 얻어 비료 포대에 담아두었다가 곱게 부숴 곰방대에 넣어 피웠다. 그래서 할머니 방에는 화로와 재떨이, 긴 담뱃대가 항상 있었다. 그리고 심심찮게 무쇠 화로에 재 터는 소리가 탕탕 들렸다.

그날 아침, 수의를 입고 담배를 피우는 할머니를 본 어머니는 깜짝 놀랐다. 너무 무섭고 떨려서 평소 할머니를 누님이라고 부르던 평해 황(黃) 씨 할아버지에게 달려가 사실을 알렸다. 그리고 할아버지를 모시고 허겁지겁 달려와 보았으나, 할머니는 이미 숨을 거두신 뒤였다. 할머니는 할아버지가 돌아가시고 18년 동안 더 살다가 세상을 떠났다.

이렇게 해서 할머니 자매가 맺은 그 약속은 완벽하게 지켜졌다. 할머니 언니는 야참까지 먹고 잠자다가 돌아가셨고, 할머니는 자고 일어나 수의를 챙겨 입은 뒤, 마지막으로 담배까지 한 대 피우고 돌아가셨다.

그러니까 80년 전, 천진난만한 할머니 자매가 맺은 약속은 정말 신비롭게 이루어졌다. 어떤 사정에 의해 그런 약속을 하게 되었는지 자세히 알 수는 없으나, 할머니 자매의 그때 그 약속은 기가 막힐 정도로 정확하게 성취되었다.

"그러므로 우리는 예수님으로 말미암아 항상 하나님께 찬양의 제사를 드립시다. 이는 하나님의 이름을 고백하는 입술의 열매입니다." (히브리서 13. 15)

004. 외조부모

외할아버지 박춘일(朴春日)과 외할머니 황귀분(黃貴粉)은 딸만 여섯을 낳았다. 첫째는 옥산의 배 씨 가문으로, 둘째는 수비의 김 씨 가문으로, 셋째와 넷째는 배마들의 김 씨와 황 씨 가문으로, 다섯째는 창바우의 임 씨 가문으로, 여섯째는 배나무골의 강 씨 가문으로 출가했다. 그런데 막내딸은 결혼한 지 며칠 안 되어 남편이 죽었다. 그래서 친정으로 돌아와 유복녀를 낳았다. 그리고 딸이 초등학교에 다닐 때 재혼했다. 영양 읍내의 다른 강 씨 가문이었다.

외갓집은 방 2개와 부엌 1개로 전형적인 초가삼간이었다. 나는 어릴 때 외가에 자주 놀러갔다. 일가친척이 적은 우리는 이종사촌이 많아 좋았다.

외가 동네 배마들은 산간오지로 산마루에 위치하여 바람도 많이 불고 몹시 추웠다. 눈이 오면 발이 묶였다. 그래서 여름에만 놀러 갔다.

가장 기억에 남는 것은 마을 복판에 있는 꾸불꾸불한 옻나무다. 절반쯤 죽은 옻나무 밑에서 사시사철 맑은 물이 흘러나왔다. 겨울에는 김이 무럭무럭 나는 따뜻한 물이 나왔고, 여름에는 얼음처럼 시원한 물이 나왔다. 마을 사람들은 그 물을 소중히 여기며 아껴 썼다. 마을의 생명수였기 때문이다.

외가는 우리 집에서 1시간쯤 걸렸다. 꾸불꾸불한 산간계곡의 징검다리를 서너 차례 건너 오솔길을 따라 쭉 올라가면 큰 재가 나왔다. 그 재를 한참 오르면 산 중턱에 큰 너럭바위가 있었다. 나무 그늘에 시원한 바람까지 불어 누구나 쉬어 갔다.

그 바위 맞은편에 시커먼 동굴이 2개 있었다. 다들 호랑이굴이라 했다. 거기 사는 호랑이가 너럭바위에 앉아 있는 것을 본 사람들이 있었다. 그래서 백주 대낮에도 혼자 다닐 수 없었다. 신작로 주막집에서 기다리다가 일행을 만나 길을 갔다.

배마들 마을에는 외가 외에도 셋째와 넷째 이모네가 살았다. 그래서 외가에 가면 으레 이 집 저 집 돌아가며 밥을 먹었다. 잠잘 때도 마찬가지였다. 오늘은 이 집, 내일은 저 집에서 잤다. 고만고만한 또래의 이종사촌이 많아 심심치 않았다. 외가에서 잘 때는 사랑방에서 외할아버지와 함께 잤다. 외할아버지는 속옷까지 홀랑 벗고 알몸으로 잤다. 옷을 입으면 답답해서 못 잔다고 했다.

외가댁은 아들이 없었다. 그래서 양자를 둔 적이 있었다. 하지만 얼마 안 돼 떠나곤 했다. 외할아버지의 혈육으로 남동생이 하나 있었으나 일찍 세상을 떠났다. 작은 외할머니가 두 딸과 외아들을 키웠다. 그런데 두 딸은 장성하여 출가했으나, 아들은 청년 때 무슨 병을 얻어 죽었다. 나보다 10살쯤 많았다. 그래서 외가댁은 대가 끊어지고 말았다.

외할아버지와 외할머니가 신작로 마을로 이사했다. 연로하여 산간오지에 살기 어려웠다. 더욱이 외할머니가 병환으로 자리에 눕자 병시중할 사람이 없었다. 그래서 여기저기 있는 외손녀들이 한 달씩 돌아가며 외가의 살림을 했다.

그때 나는 이종 누나가 좋아서 외가에 자주 갔다. 그때 병석에 누운 외할머니가 말했다.

"내 듣자 하니 욱이는 노름을 좋아하고, 훈이는 술을 좋아한다고 하던데, 그게 사실이냐?"

나는 할 말이 없어 가만히 있었다. 그러자 외할머니가 한숨을 쉬며 말했다.

"아이고, 얘들아! 도대체 어쩌자고 그러느냐? 어쩌자고?"

그리고 너무 안타까운 듯 이맛살을 찌푸리며 다시 한숨을 쉬었다. 욱이는 어머니 바로 위, 넷째 이모의 아들로 나보다 3살 많았다. 그리고 세월이 지나서 돌아보니, 그때 외할머니의 마음을 어느 정도 알 것도 같았다.

외할머니는 운명하기 직전까지 조금 더 살기를 원했다. 무엇인가 못다 한 일이 있는 듯했다. 어쩌면 외손자들의 안쓰러움이 끝내 마음에 걸렸는지 모른다. 하지만 때가 되자 세상을 떠날 수밖에 없었다.

고령에 홀로 남은 외할아버지는 둘째 이모네 집으로 갔다. 노환이 점점 더 깊어져 큰 이모네 집으로 거처를 옮겼다. 그때 어머니의 권유로 욱이 형과 함께 외할아버지 병문안을 갔다. 외할아버지는 눈과 귀가 어두워 보지 못하고 듣지 못했다. 이모가 옆에서 크게 말해야 겨우 알아들었다.

외할아버지는 누군가 찾아오면 꼭 누구냐고 물어보았다.

"누고?"

"배마들 욱이와 창바우 훈이시더."

"누구라고?"

"창바우 훈이요!"

"누구?"

그때 요셉의 할아버지 이삭이 생각났다. 내가 크게 말했다.

"훈이요!"

"훈이라고? 아이고! 내 오늘 너를 보고 다시는 보지 못할 것이다! 아이고! 아이고!"

외할아버지가 크게 울었다. 얼마나 슬피 우시는지 나도 울고 욱이 형도 울었다. 외할아버지는 돌아가실 때까지 20명이나 되는 외손자를 다 기억하고 있었다.

그리고 얼마 후 외할아버지도 돌아가셨다. 딸 여섯과 사위 여섯이 다 모여 장례를 잘 치렀다고 들었다. 나는 외할머니 때와 마찬가지로 외할아버지 장례식에도 참석하지 못했다. 어머니가 돈 쓴다고 알려주지 않았기 때문이다. 그래서 외할아버지가 울면서 다시는 보지 못할 것이라고 하신 말씀이 이루어졌다.

"하나님이 말씀하셨다. '마지막 날, 내가 내 영을 모든 사람에게 부어주겠다. 너희 자녀들은 예언을 하고, 청년들은 환상을 보며, 노인들은 꿈을 꿀 것이다.'" (사도행전 2. 17)

005. 아버지

아버지 임경출(林敬出, 경승)은 죽기 전에 손자를 보고 싶다는 할아버지의 뜻에 따라 어머니 박만득(朴晚得)과 일찍 혼인하여 자녀도 빨리 보았다. 1954년 딸을 낳았고, 1956년 아들을 낳았고, 1958년 둘째 아들을 낳았으나 군복무 중 죽었고, 1960년 넷째를 낳았으나 그대로 죽었고, 1962년 딸을 낳았고, 1964년 사산아를 낳았고, 1966년 딸을 낳고 단산했다가, 1973년 늦둥이 아들을 낳았다. 그래서 출가한 딸이 셋이요, 아들이 둘이다.

우리 집은 할아버지가 돌아가시기 전까지 많은 농사를 지었다. 하지만 아버지는 농사일에 관심이 없었다. 지게는 가지고 있었으나 무엇을 지거나 나무하는 모습은 거의 보지 못했다.

어느 겨울 딱 한 번, 가랑잎이 잔뜩 쌓여 다리가 푹푹 빠지는 어느 산기슭에서, 참나무를 베어 나와 함께 지고 온 기억이 있다. 그 후 처마 밑에 세워둔 아버지의 지게에 곰팡이가 피어 있었다. 나무하는 것과 농사짓는 일은 할아버지와 어머니의 몫이었다. 할머니는 신작로 전방에서 장사를 했다.

1962년 할아버지가 돌아가시자 아버지는 브로커에게 속아 땅을 팔았다. 이후 가세가 급자기 기울기 시작했다. 어머니는 행상을 시작했고, 우리는 학교에서 주는 강냉이 죽으로 허기를 면했다.

어머니가 옷 장사를 시작했다. 당시 어머니와 같은 보따리장수가 많았다. 옷가지를 머리에 이고, 이 동네 저 동네 돌아다니며 팔았다. 그러다가 생선장수를 했다. 영해에서 생선을 사다가 이 마을 저 마을 찾아다니며, 보리나 콩, 팥, 깨, 계란 등을 바꿔서 저녁 늦게 돌아왔다. 그때는 돈이 없어 물물교환이 흔했다. 그 후 넷째 이모네 토지를 빌려 농사도 지었으나 그리 많지 않았다.

그리고 신작로 집으로 이사했다. 아버지와 어머니가 할머니 전방을 이어받고 할머니는 은퇴했다. 판잣집은 땅 주인에게 돌려주었다. 문구와 잡화를 주로 팔았으나, 술도 팔고 밥도 해주었다. 가끔 술안주로 닭이나 토끼도 잡아 팔았다. 전방에서 식당으로 바뀌었다. 한동안 그럭저럭 장사가 되는가 싶더니 여기저기 가게가 생겼다. 심지어 마을부녀회까지 막걸리를 팔았다. 그래서 장사가 시들해졌다.

2003년 추석으로 기억된다. 할아버지 산소에 성묘를 갔다가 돌아오는 길에 동생이 아버지께 물었다.

"여기 있는 땅이 모두 우리 거였어요?"

"그랬지, 아버지가 돌아가신 뒤 끈질기게 쫓아다니던 브로커에게 속아서 결국 팔았지."

내가 초등학교 5학년 12살 때, 우리는 신작로 집으로 이사했다. 그 집을 지어 살던 아버지 친구는 자녀교육을 위해 대구로 갔다. 그때부터 우리 가족은 한 집에 모여 살았다. 나는 여전히 할머니와 함께 아랫방에서 지냈다. 중학교에 들어가 읍내에서 자취할 때도 할머니가 따라와 나와 동생의 뒷바라지를 했다.

이사하기 한참 전 어느 겨울밤이었다. 동네 아이들이 우리 집에 모여 있었다. 그때 아버지가 어사 박문수에 대한 이야기를 해주었다. 내 아버지의 이미지에 대한 가장 오래된 기억이다. 아이들은 어른들에게 옛날이야기를 해달라고 조르곤 했다. 그것을 대단한 즐거움으로 여겼다.

당시 텔레비전이나 라디오는 물론, 전기와 전화도 없었다. 밤에 아이들이 즐길 만한 놀이라곤 술래잡기와 강강술래가 전부였다. 그나마 달이 뜨지 않는 날이나 겨울에는 할 수 없었다. 캄캄한 밤이면 으레 초롱불을 들고 다녔으며, 달밤이 되어야 운동장에 모여 놀 수 있었다.

아버지는 마을 아낙네들을 모아놓고 한글을 가르쳤다. 야학이라 했다. 동네 여인들 대부분이 까막눈이었다. 야학을 했던 아줌마가 한글을 깨우쳐 띄엄띄엄 책 읽는 모습을 보았다. 어머니도 그때 한글을 배웠다.

나도 할머니들의 닦달로 가끔씩 이야기책을 읽어주었다. 할머니의 어깨 너머로 옛글을 배워서 학교에 들어가기 전부터 옛날 책을 읽었다. 하지만 막상 학교에 들어가 보니 옛글은 가르치지 않았다. 1학년인가 2학년 때까지 한글과 한문을 겸하여 배우다가 3학년 때부터 한문도 배우지 않았다.

우리 집에 있던 옛날 책은 대부분 낡고 찢겨 일부분만 남은 상태였다. 한지를 양면으로 접어 붓으로 쓴 8절지 크기도 있었고, 누군가 비뚤비뚤하게 옮겨 쓴 16절지 책도 있었다. 글과 그림이 인쇄된 32절지 책도 1권 있었다. 모두 위에서 아래로, 오른쪽에서 왼쪽으로 쓴 옛글이었다. 종이는 무슨 기름을 발라 불그스레하고 매끈매끈했으며 누렇게 바래 있었다.

동지섣달 긴긴 밤에 같은 책을 반복해 읽었으나, 할머니들은 들을 때마다 감탄하며 혀를 끌끌 찼다. 그때 읽은 책의 제목은 거의 생각나지 않지만, 유복자로 태어난 아이가 움막에 살면서 온갖 고생을 하다가, 자수성가하여 부모의 원수를 갚는다는 이야기도 있었다. '신윤복 전(傳)'인가 기억이 분명치 않다.

아버지는 친구의 도움으로 학교에 근무하다가 교육청으로 자리를 옮겼다. 내가 사고를 당한 뒤 얼마쯤 있다가 그만두었다. 그리고 새마을운동의 일환으로 전개된 지붕개량 사업을 했다. 초가지붕을 헐고 시멘트 기와나 슬레이트 지붕으로 바꾸는 일이었다. 새마을사업이 끝나자 감자와 고추, 배추, 무 등의 농산물을 직구매하여 대구 도매상에 넘기는 일도 했다.

할머니가 세상을 떠난 이듬해 1981년, 무기고에서 근무하던 내 동생이 죽었다. 그리고 얼마 있다가 막내 사위마저 공사현장에서 사고로 죽었다. 그러자 아버지는 크게 낙담했다. 누구에게 무슨 얘기를 들었는지 모르지만, 할머니 산소를 공동묘지 옆으로 이장했다.

그리고 얼마 있다가 도로가 포장되면서 우리 집 일부가 수용되자 아예 팔고 서울로 이사했다. 이후 아버지는 아파트 경비원으로 들어가 정년까지 근무했다. 그리고 말했다.

"내가 할 일이 없는 서울에서 더 이상 살고 싶지 않다."

오랜만에 아버지는 어머니와 함께 여기저기 친척집을 방문했다. 그리고 아버지의 4촌 여동생이 사는 청송 진보로 내려갔다. 그 고모는 중조부의 무남독녀였다. 우리 할아버지는 셋째로 막내였다.

그러나 어머니는 아버지와 함께 곧장 시골로 내려가지 않았다. 아버지는 아무 말 없이 혼자 서울을 떠났다. 어머니가 말했다.

"시골에 가서 어떻게 살아? 나는 가지 않을 테니 가려면 당신이나 가소!"

그때 어머니는 직물공장에 다니고 있었다. 어머니는 서울에 남고 아버지만 낙향했다. 나중에 알았지만, 어머니의 낙향 반대에는 특별한 사정이 있었다.

"애들이 둘이나 집에 있는데, 누가 밥해주고 빨래해주는데?"

얼마 후 막냇동생이 결혼하여 신혼살림을 차렸다. 어머니는 아버지가 있는 시골로 내려갔고, 나는 복지관 일을 그만두고 일산 오피스텔로 이사했다. 22년 동안의 직장생활을 마감하고, 빚을 갚기 위해 홀로서기를 시작했다.

"자녀들이여, 모든 일에 부모에게 순종하십시오. 이것이 주님을 기쁘시게 하는 일입니다." (골로새서 3.20)

006. 어머니

어머니 박만득(朴晩得)은 외조부 박춘일(朴春日)과 외조모 황귀분(黃貴粉) 사이에서 5번째 딸로 태어나 영양 배마들에서 자랐다. 일제 강점기와 6.25 전쟁을 겪으며 학교에 다니지 못했다.

어머니는 1945년 해방 직후의 혹독한 가뭄과 기근, 1950년부터 3년간 이어진 6.25 전쟁을 고스란히 겪었다. 그 시절 첩첩산중의 여자아이가 배우지 못한 것은 너무나 당연했다. 하지만 결혼 후 아버지가 가르친 야학에서 한글을 깨우쳐 까막눈은 면했다. 그래서 전방과 식당을 하면서 외상값 등을 일기장에 기록할 수 있었다.

외할머니의 기질을 이어받은 어머니는 정말 억척 댁이었다. 폭설로 눈이 허리까지 푹푹 빠지는 산에 올라가 맨다리 나뭇가지를 꺾어 태산같이 머리에 이고 왔다. 산나물을 뜯어 올 때도 다른 사람들보다 더 많이 이고 지고 들고 왔다. 옷 장사와 생선장수를 할 때도, 동무들보다 조금씩 더 많이 팔아 다양한 물건을 바꿔왔다. 언제 어디서 무엇을 하든지, 남들보다 뒤떨어진 예는 한 번도 보지 못했다.

나는 어릴 때부터 억척스러운 어머니를 유심히 지켜보았다. 그때는 돈이 없어 농산물을 주고 옷을 사 입었고, 생선도 바꿔먹었다. 계란이나 병아리, 토끼 새끼 등도 물물교환의 대상이었다. 어머니가 가게를 할 때, 누나뻘 되는 동네 아가씨들이 계란이나 보리쌀 등을 치마폭에 숨기고 와서 물건을 바꿔가는 모습을 보았다. 낮에 와서 미리 말을 맞추고 한밤중에 와서 은밀히 거래했다.

어머니는 첫 아이를 가지며 태몽을 꾸었다. 백수염발의 노인이 나타나 인삼 뿌리 3개를 주면서 말했다.

"이걸 가지고 어서 집으로 가거라."

고맙다는 인사를 하고 누가 볼 새라 치마폭에 숨겨 급히 집으로 돌아가려고 했다. 그때 줄줄이 딸만 낳던 동네 아줌마가 나타나 어머니 앞을 가로막으며 말했다.

"그 인삼뿌리 1개만 주고 가거라."

어머니는 안 된다고 몸부림쳤으나, 힘에 부쳐 결국은 1뿌리를 빼앗기고 말았다. 그리고 해산할 달이 차서 딸을 낳았다. 애타게 손자를 기다리던 할아버지의 기대에 어긋나 큰 설움을 받았다.

"이제 손자 못 보고 죽는 것은 아닌지 모르겠다!"

당시 할아버지는 67세였고 할머니는 60세였다. 어머니는 그때 빼앗긴 인삼 1뿌리를 못내 아쉬워했다.

"그 인삼만 뺏기지 않았다면 분명 아들을 낳았을 텐데."

그리고 어머니는 2년 뒤 아들을 낳았다. 어머니의 인삼을 빼앗아갔던 그 아줌마도 그해 아들을 낳았다. 이어서 2년이 지나 둘째를 낳았고, 뒤늦게 늦둥이까지 모두 셋을 낳았다. 하지만 둘째 아들이 군복무 중 죽자, 빼앗긴 그 인삼 1뿌리가 생각나 더욱 비통해했다.

어머니는 1954년 첫딸을 낳으면서 2년 터울로 아이를 쭉 낳았다. 당시는 누구나 자연분만이었다. 밭에서 일하다가 낳기도 하고, 집에서 혼자 낳기도 했다. 그러다 보니 아기가 태어나자마자 죽는 경우도 많았다.

사실 어머니는 1960년과 1964년에 낳은 아기를 제대로 받지 못해 죽었다. 하지만 신생아의 죽음으로 인한 슬픔은 대략 1주일이면 끝났다. 더이상 슬퍼할 겨를이 없었다. 식음을 전폐하고 1주일쯤 자리에 누워 있다가, 누군가의 의례적 위로를 받고 일어나 일하러 나갔다. 산후 몸조리도 3주면

끝내야 했다. 숯이나 고추를 매단 금줄도 삼칠(三七)이 지나면 걷었다.

나는 어머니뿐만 아니라 갓 태어난 아기를 잃은 동네 아낙네들이 관례처럼 그렇게 하는 모습을 보았다. 어떤 여인은 3주가 아니라 3일 만에 일어나 일하는 것도 보았다. 피임법이 없던 시절이라 임신과 출산이 빈번했고, 사산과 유아 사망은 병가의 상사처럼 여겨졌다.

이웃집 할머니로부터 들은 얘기다. 조카며느리가 해산일이 되어 찾아갔더니 해산은 했으나 아기가 없었다. 아무리 물어도 대답은 하지 않고 울기만 했다. 여기저기 찾아보니 보자기에 둘둘 말아 골방에 처박아두었다. 키울 자신이 없어 그냥 죽이려고 했던 것이다.

남편은 노름에 미쳐서 집을 나간 지 20일이나 되었고, 땔감은 없어 방은 냉골이었다. 미역국은커녕 양식도 떨어지고 없었다. 그래서 나무를 주어다가 군불을 때고, 잘 타일러서 아기를 살렸다고 했다.

또 그 할머니 자신도 비슷한 경험을 했다고 한다. 남편은 어디서 무엇을 하는지 집에 돌아오지 않고, 한겨울 냉방에서 막둥이를 낳았다. 땔감은 없고 도저히 키울 자신이 없었다. 그래서 낳자마자 목을 졸라 죽이려고 했더니, 아기가 고추를 바짝 세워 오줌을 분수처럼 싸는 것을 보고, 벌을 받을지 모른다는 생각이 들어 키웠다고 했다.

당시 애가 죽으면 거적에 둘둘 말아 지게에 지고 산으로 올라가, 대충 땅을 파서 묻고 솔가지 몇 개를 꺾어 덮어두었다. 우리는 산에 나무하러 다니다가 그런 유아의 무덤을 숱하게 보았다. 우리는 그것을 '애체기'라고 했다.

어머니는 아침저녁으로 전방에 있는 할머니의 식사를 배달했다. 그러다 어느 날부터 누나가 이어받았다. 그런데 배달사고가 났다. 어린 누나가 음식을 담은 쟁반을 머리에 이고 전방으로 가다가 돌부리에 걸려 넘어졌다. 음식은 말할 것도 없고 그릇까지 깨고, 쟁반도 찌그러뜨려 못 쓰게 되었다.

그러자 누나는 겁에 질려 집으로 들어오지 못하고 가출을 했다. 그날 할머니는 본의 아니게 식사를 걸렀다. 나는 집에서 아침을 먹었다. 얼마 후 그 사실을 알고 어머니가 단단히 벼르고 있었다.

"이놈의 가시나, 어디 들어오기만 해봐라!"

그런데 저녁때가 지나고 밤이 되어도 아이가 집에 들어오지 않았다. 결국은 어머니가 찾아 나섰다. 잠시 후 이웃집 노적가리 속에 숨어 있던 아이를 찾아 데리고 왔다. 그런데 아무 일이 없었던 양 평온했다. 시간이 약이었던 것이다.

아무리 볏짚을 뒤집어쓰고 꽁꽁 숨어도 어머니의 예리한 통찰력은 피할 수가 없었다. 노적가리 속에서 하룻밤을 지내려고 단단히 마음을 먹었던 어린아이의 꿈은 수포로 돌아가고 말았다. 하지만 그 용기가 책망을 용서로 바꿔놓았다.

그때 어머니의 마음을 오랜 세월이 흐른 후 짐작할 수 있었다. 그러니까 그로부터 수십 년이 지난 뒤, 내 어린 딸이 당시의 누나와 비슷한 또래였다. 애가 무엇인가 잘못을 저지르고 어딘가 숨어서 나타나지 않았다. 시간이 흐르자 초초한 마음에 걱정이 앞섰다. 아이의 허물은 더 이상 문제가 아니었다. 책망은커녕 어디선가 나타나주기만을 바랐다.

그렇게 노심초사하며 얼마의 시간이 흘렀다. 화장실문을 열고 들어서자 어린 딸이 바닥에 누워있었다. 바닥이 차서 새우처럼 몸을 쪼그리고 있었다. 가뜩이나 작은 애가 더욱 작게 보였다. 너무나 측은하고 가여웠다. 순간 울컥하는 마음에 눈물이 핑 돌았다. 아이를 끌어안고 방으로 들어가 눕혔다. 딸을 나무랄 생각은커녕 오히려 내가 쥐구멍이라도 찾고 싶었다.

1959년 태풍 '사라'가 지나갔다. 아버지와 함께 큰 들에 나갔다. 어디서부터 어디까지가 논인지 분간이 되지 않았다. 여기가 우리 논이라고 아버지가 일러주었으나, 그냥 자갈밭이었다. 불도저 1대가 굉음을 내면서 강바닥을 밀고 있었다. 어른들은 돌을 굴려 옹벽을 쌓았다. 얼마 후 강이 2배나 넓어져 있었다. 이는 내가 가장 어릴 때 외출한 기억이다.

"내 자녀들이 진리 안에서 살아간다는 소식을 듣는 것보다, 내게는 더 기쁜 일이 없습니다." (요한3서 1. 4)

007. 유아기

나는 1956년 영양 화천에서 아버지 임경출(林敬出)과 어머니 박만득(朴晚得)의 맏아들로 태어났다. 저녁식사가 끝나고 개밥 줄 즈음이었다.

우리 집은 다듬지 않은 통나무로 지어진 초가집이었다. 산과 강을 바라보는 언덕바지에 남향으로 아담하게 지어졌다. 할아버지가 손수 산에서 나무를 베어다가 지었다. 100평 남짓한 정방형 대지 위에 10평가량의 작은 집이었다.

본채는 사랑방과 안방, 부엌으로 지어졌고, 아래채는 부엌을 가운데 두고 방과 외양간이 양쪽에 있었다. 사랑방과 안방 사이에 한두 평가량의 쪽방도 있었다. 동쪽에 화장실이, 서쪽에 아래채가 있었다. 언제부턴가 작은 외할머니의 가족이 아래채에 살았다.

마당에서 보면 동쪽에 배나무가, 동남쪽 모서리에 감나무가, 남쪽에 대추나무가, 남서쪽 모서리에 다른 배나무가, 아래채 옆 북서쪽에 작은 텃밭이, 북쪽에 앵두나무가, 북동쪽에 고욤나무가 있었다. 화장실 뒤편 자투리 땅에 돼지감자도 심겨 있었다.

어릴 때 감나무 밑에서 놀다가 떨어지는 감꽃을 주워 먹었다. 처마에 걸쳐놓은 갈대발 아래 들어가 메주콩 조각도 뜯어 먹었고, 길가의 제비꽃 열매도 까 먹었고, 울타리 밑에 자라난 딸기도 따 먹었다. 조금 커서 밀이삭과 보리 이삭도 비벼 먹었고, 찔레나무 줄기도 벗겨 먹었고, 동산에 올라가 참꽃도 따 먹었다. 그때 아이들의 입은 시퍼렇게 물들었다.

어느 때는 아이들과 함께 칡뿌리도 캐 먹었고, 송구도 벗겨 먹었다. 목화밭에서 다래도 따 먹었고, 이름 모르는 풀뿌리도 많이 뽑아 먹었다. 설익어 시큼시큼한 열매도 마다치 않고 먹었다. 잠자리도 잡아먹고, 개미도 핥아먹고, 굼벵이와 매미도 잡아 구워 먹었다. 심지어 찰흙도 파먹었다.

먹을 것이 워낙 없던 시절이라 뭐든 먹고 배탈만 나지 않으면 먹었다. 그때 아이들은 누구나 다 그랬다. 그야말로 살아남기 위한 몸부림이었다. 어디서 무엇을 하든지, 가는 곳마다 먹을 것을 찾아다녔고, 먹지 못해 바싹 말라 죽은 아이도 있었다. 뼈가 앙상한 모습으로 죽은 아이를 부둥켜안고, 슬피 울던 동네 아낙네의 모습이 지금도 눈에 선하다. 교감 선생님의 여섯째 아들도 굶어 죽었다.

어느 이른 봄날, 친구네 집 화단에서 눈 사이로 다소곳이 돋아난 난초가 너무 신기했다. 동네 아이들과 함께 울 밑에서 소꿉놀이도 했다. 제비꽃 열매는 이밥이었고, 옹기조각 위에 갈아놓은 풀잎은 반찬이었다. 울타리 밑에서 자라난 개나리 순을 따다가 한편에 쌓아두고 국수를 만들기도 했다.

언젠가 갓 부화한 노란 병아리를 보았다. 어미 닭과 함께 모이를 쪼아 먹던 병아리들이 얼마나 예쁘던지, 그 감정을 지금도 표현할 수 없다. 어미 닭 1마리가 20마리 전후의 많은 병아리를 데리고 다녔다. 1마리도 죽지 않고 다 크는 것을 보았다. 해마다 그렇게 자라는 병아리를 보았다. 그래서 청소년 시절, 우리 집 뒤뜰에 닭장을 지어 양계를 하려고 했다. 4H 활동을 하면서 영주에 가서 양계실습도 받았다.

무더운 여름날, 개울에서 물장구를 치며 놀았다. 물가에서 엉금엉금 기어 다니며 놀던 기억이 아른거린다. 여자애와 남자애가 함께 발가벗고 놀았다. 밤이면 반딧불이 잡으려고 어둠 속을 뛰어다녔다. 학교운동장에서 시소를 타며 마냥 즐거워했다. 높은 나뭇가지에 대롱대롱 매달린 탱자 열매를 따고 싶어 하염없이 쳐다보았다.

어느 가을날, 모래사장에 누워서 높고 푸른 하늘에 두둥실 떠가는 흰 구름을 보았다. 새까맣게 무리를 지어 날아다니는 하루살이와 잠자리도 보았다. 노랗게 익어가는 옥수수와 한껏 고개 숙인 수수깡, 까맣게 여물어 가는 아주까리, 누렇게 익어가는 담장 위의 호박과 지붕 위의 고지박, 깡마른 옥수숫대 사이를 스치는 스산한 바람까지, 모든 것이 내 마음을 술렁거리게 했다.

메뚜기와 방아깨비를 잡으려고 들판을 뛰어다니며 놀던 기억도 난다. 우리 집 변소 입구에 커다란 거미가 줄을 치고 웅크리고 있었다. 어느 날 해질 무렵, 그 거미가 새를 잡아먹고 있었다. 그 후 얼마 동안 화장실 가기가 무서웠다.

함박눈이 소복이 내린 겨울날 아침, 우리 집 마당에서 눈사람을 만들었다. 그리고 밖으로 나가 아이들과 눈싸움을 했다. 고드름을 따서 칼싸움을 하기도 했다. 보다 긴 고드름을 따기 위해 막대기를 들고 이리저리 쫓아 다니기도 했다. 강에서 썰매를 타는 것도 즐거웠다.

그때 아이들은 각자 썰매를 만들어 탔다. 유달리 손재주가 좋은 아이도 있었다. 더러는 그에게 부탁하여 만들기도 했다. 굵은 철사와 못, 판자때기를 구하려고 여기저기 찾아다녔다. 새총을 만들어 참새를 잡기도 했으나, 나는 한 마리도 잡지 못했다.

나는 유달리 부스럼이 많았다. 종기와 같은 피부병이 자주 생겨 창피했다. 초등학교 저학년 때 이웃집 아저씨가 페니실린 주사를 한 방 놓아주었다. 그러자 부스럼이 말끔히 사라졌다. 이후 피부병이 생기지 않았다. 그 아저씨는 의사가 아니라 농부였다.

또 나는 옻이 잘 올랐다. 옆집에 큰 옻나무가 있었는데 나도 모르게 옻이 오르기 일쑤였다. 부스럼 다음으로 옻이 많이 올라 고생했다. 초등학교 2학년 때 허벅지에 옻이 올라 걸음을 걸을 수 없었다. 그래서 어머니 등에 업혀 학교에 갔다.

언젠가 아버지는 먼 친척의 산에 불을 놓아 산전을 만들었다. 그리고 메밀을 갈았다. 하얗게 피어난 메밀꽃이 너무나 아름다웠다. 그 밭에 아버지를 따라갔다. 아버지가 밭에서 일하고 있을 때, 나는 송구를 꺾으려고 나무에 올라갔다. 낫으로 송구를 찍다가 왼손 검지를 찍었다. 뼈가 허옇게 드러났다. 크게 울었다. 아버지가 와서 송구껍질을 벗겨 싸매주었다. 그 후 상처는 나았으나, 길게 난 흉터는 평생을 함께했다.

그리고 어느 날, 도끼로 나무를 패다가 왼쪽 손등을 찍었다. 손등의 흉터는 청소년 때 심한 열등감을 안겨주었다. 사춘기 시절에는 정말 보기 싫고 징그러웠다. 혹시 누가 볼 새라 늘 조바심을 피웠다.

우리 집에서 5리쯤 떨어진 아랫마을에 판잣집 예배당이 있었다. 거기서 활동영화를 한다고 해서 동네 아이들과 함께 구경을 갔다. 신작로 전방 마당에서 영화가 시작되었다. 처음 보는 기독교 영화였다.

예수님이 잔칫집에서 물로 포도주를 만들고 병자를 고쳐주었다. 그리고 지팡이를 잡고 양떼와 함께 걸어갔다. 그 예수님의 뒷모습이 점점 멀어지면서 영화가 끝났다. 그때 예수라는 이름을 처음 들었다.

어느 크리스마스 전날이었다. 교인들이 돌아다니며 떡과 과자를 준다고 광고를 했다. 그날 밤 동네 아이들과 아랫마을에 있는 예배당으로 갔다. 그때 우리는 노래 한 곡을 배웠다. 내가 기억하는 가장 오래된 노래다.

"소와 말과 개와 같은 짐승들도, 제 집과 제 주인을 알건마는, 우리 인생 어찌하여 주를 모르나, 나오라 주 앞으로, 천당의 영생 복, 너에게 주리니 예수 믿으소"

"누구든지 내 이름으로 이런 어린아이 하나를 영접하는 사람은 나를 영접하는 것이요, 누구든지 나를 영접하는 사람은 나를 영접하는 게 아니라, 나를 보내신 분을 영접하는 것이다." (마가복음 9. 37)

008. 아동기

1963년 초등학교에 입학했다. 우리 마을에 학교가 있어서 나는 편하게 다녔다. 다른 아이들은 10리 길은 보통이요, 20리나 30리가 넘는 산길을 걸어 통학하는 아이들도 있었다. 숱한 재를 넘고 강을 건너야 했다. 그래서 아이들은 나이가 많을 수밖에 없었다. 어린애가 어떻게 그 험하고 먼 길을 다닐 수 있겠는가? 성숙한 여자애는 아가씨처럼 가슴도 나왔다. 하지만 날씨가 궂으면 모두 결석했다.

우리 반 아이들은 범띠부터 닭띠까지, 1950년생 14살부터 1957년생 7살까지 있었다. 나이가 많은 아이들은 대부분 첩첩산중이거나 멀리 떨어진 외딴곳에 살았다. 어렴풋하지만 범띠가 하나, 토끼띠가 둘, 용띠가 서넛, 뱀띠가 너덧, 말띠가 십여 명쯤 되었다.

우리 반의 입학 적령기는 원숭이띠로 8살이었다. 하지만 학교 가까이 살던 아이들 중에는 닭띠, 7살짜리도 예닐곱 명 있었다. 그러다 보니 형제나 남매는 물론, 조카와 삼촌, 고모, 이모도 있었다.

우리 반에서 가장 나이 많은 범띠 형은 3학년 때 나오지 않았다. 부잣집 머슴 겸 데릴사위로 갔다. 그리고 토끼띠 누나는 4학년 때 시집을 갔다. 결혼하고 학교에 나오지 않았다. 또 다른 여자 친구는 졸업을 앞두고 결혼했다. 그래서 우리 반 아이들은 초등학생 때 신부 우인으로 초대를 받아 결혼식에 참석하는 진기록을 세웠다.

당시 먹고살기가 어려워 학교를 그만둔 아이들이 많았다. 남자아이는 부잣집 머슴으로, 여자아이는 도회지 식모로 팔려갔다. 부잣집 머슴의 자리나 도회지 식모의 자리가 그리 흔치 않았던바, 자리만 나오면 학교를 그만두고 갔다. 실은 우리 누나도 초등학교를 졸업하고 도회지 식모로 갔다.

1960년대는 뭐니뭐니 해도 호구지책이 가장 큰 문제였다. 8.15 해방 후 찾아온 극심한 가뭄, 한국전쟁의 후유증, 사라 태풍 등의 영향으로 굶주림이 극심한 시기였다. 게다가 자유당 정권의 3.15 부정선거, 4.19 혁명, 5.16 쿠데타 등으로 이어진 정국은 불안하기만 했다. 그래서 부잣집 머슴으로 가면 밥은 굶지 않는다는 인식이 깔려 있었고, 도회지 식모로 가면 고기반찬에 이밥을 먹고 산다는 것에 솔깃하지 않을 수 없었다.

어떤 아이들은 도회지 공장에 들어가 돈을 벌어 집으로 보내주기도 했다. 어느 집에 효자 났고, 누구 집에 효녀 났다는 말을 듣고 모두 부러워했다. 그래서 학교를 다니다가도 자리만 나면 공장으로 갔다. 당시 초등학교는 의무교육이 아니었다. 누구나 자유롭게 입학했다가 나오지 않으면 그만이었다. 사실 우리 반 아이들은 120명쯤 입학하여 70명 정도 졸업했다.

우리 학교는 1학년부터 6학년까지 학년별로 1반씩 있었다. 그러다 보니 콩나물 교실이었다. 우리 교실은 다 쓰러져가는 판잣집이었다. 6.25 전쟁 때 폭격을 맞아 사방에 구멍이 뚫어져 있었고, 불에 타 시커멓게 그을린 자국이 군데군데 있었다.

게다가 건물이 통째로 흔들거렸으며 넘어질 위험도 있었다. 그래서 사방에 버팀목을 괴어놓았다가, 얼마 후 철거하고 슬래브로 새로 지었다. 우리는 6학년 때 새로 지은 교실에 들어가 공부했다.

판잣집 교실에는 책상과 의자도 없었다. 그냥 차디찬 마룻바닥이었다. 마루 틈새로 황소바람이 올라왔다. 겨울이면 난로 당번 2명이 집에서 솔가리와 장작을 가지고 와서 난로를 피웠다. 어느 때는 단체로 산에 가서 나무를 해오기도 했다. 학교 뒤뜰 토끼장 앞에서 장작을 패던 기억이 아련히 난다.

학기가 바뀌고 새 책을 받을 때는 으레 지난 달력을 뜯어 책가위를 씌웠다. 다 배운 후 동생에게 물려주기 위해서였다. 동생이 없는 아이들은 약간의 돈을 받고 팔기도 했다. 내 동생은 나보다 한 학년 아래로 항상 내 책을 물려받았다. 내 옷가지도 물려주었다. 그러나 동생은 아무 불평이 없었다. 당연한 것으로 받아들였다.

나는 학교에 들어가면서 무상급식을 받았다. 처음에는 매주 수요일 옥수숫가루를 받았다. 거의 모든 아이들이 어렵게 살았으나, 배급량이 부족하여 좀 더 어려운 아이들이 받을 수밖에 없었다.

"너희들 가운데 정말 먹고 살기 어려운 아이를 추천해라."

선생님이 물었을 때 한 아이가 나를 추천했다. 나는 실제로 생활이 어려운 축에 들었다. 우리 집에 농사지을 땅이 없었기 때문이다. 나를 추천한 아이는 부잣집 아들로 새로 지은 큰 집에 살았다. 그 아이 어머니는 내 어머니의 꿈속에서 인삼을 빼앗았고, 그 아이 아버지는 브로커를 앞세워 내 아버지의 땅을 빼앗았다. 아이러니하게도 나는 그 아이의 추천으로 무상급식 대상자가 되었다.

처음에는 가루로 한 바가지씩 주다가 나중에 죽을 끓여주었다. 점심시간이 되면 학교 뒤뜰에서 한 그릇씩 나눠주었다. 얼마나 맛있게 먹었는지 모른다. 어떤 아이는 잽싸게 먹고 다시 받으러 갔다가 들켜 꿀밤을 맞기도 했다. 그리고 우윳가루를 주다가, 마지막으로 마른 빵을 주었다.

할아버지가 돌아가시자 우리 집의 가세는 급속히 기울어졌다. 할아버지 전답을 아버지가 모두 팔았기 때문이다. 우리 땅을 산 사람은 새집을 지어 이사했다. 그래서인지 그 집과 우리 집은 사이가 좋지 않았다.

언젠가 그가 주머니에 돌을 잔뜩 넣어 가지고 와서, 우리 아버지를 죽이겠다고 윽박질렀다는 얘기를 들었다. 할머니가 그 사실을 오랫동안 기억하며 두 차례 정도 얘기했다. 그리고 얼마 후, 그는 땅을 팔아 서울로 이사를 갔다.

할머니가 학교 앞에 전방을 차렸다. 동네에서 유일한 가게였다. 하지만 얼마 후 몇 개가 더 생겼다. 무장공비가 자주 출몰하여 외딴곳에 살던 사람들이 소개(疏開)를 당해 이사를 왔다. 나라에서 그들에게 집을 지어주었는데, 처음에는 소개집이라 부르다가 나중에 새마을집이라 불렀다. 그래서 마을 인구가 부쩍 늘어났다.

어머니는 생계를 위해 보따리장수를 시작했다. 옷가지, 생필품, 생선장수 등 닥치는 대로 했다. 식구들과 함께 먹고살기 위한 방편이었다. 옆집 아줌마와 함께 다니며 장사를 했다. 아침 일찍 머리에 잔뜩 이고 떠나 저녁 늦게 이것저것 바꿔 가지고 돌아왔다. 그러다가 어머니 동무장사가 허리를 다쳐서 더 이상 행상을 나가지 못했다.

그리고 우리 집은 넷째 이모네 땅 5마지기를 빌려 농사를 지었다. 추수한 후에 수확물을 반으로 나누었다. 우리 집에 비해 다소 형편이 나았던 이모부는 우리 집에 대한 배려를 아끼지 않았다. 수확물을 나눌 때도 항상 관대했다.

언젠가 어머니를 따라 이모네 밭으로 일하러 갔다. 어머니가 따가운 햇볕을 가리기 위해 머리에 수건을 쓰고 조밭의 김을 맸다. 나는 아무리 보아도 조와 잡초를 구분할 수 없었다. 그래서 일을 할 수가 없어 길가에 앉아 막대기로 풀을 툭툭 치며 놀았다.

그때 옆 논에서 일하던 동네 할아버지가, 사람의 해골을 주워 들고 뭐라고 중얼거리다가 "좋은 곳으로 가이소!" 하면서 강에다 휙 던졌다. 어머니가 묻자 6.25 전쟁 때 죽은 사람의 해골이 장마에 떠내려왔다고 했다.

아버지는 읍내에 자주 내려갔다. 항상 중절모자를 쓰고 다녔다. 이모부들은 노름을 좋아했다. 아버지도 가끔씩 노름을 했으나 그리 심하지는 않았다. 우리 집에서 아버지와 동네 어른들이 노름하는 모습을 한두 번 보았다. 어느 때는 밤을 새웠다.

당시 어른은 물론이고 아이들도 노름을 했다. 나도 동네 아이들과 노름을 한 적이 있었다. 어쩌다가 16원의 빚을 지고 날밤을 새우며 궁리했다.

새벽녘에 도둑고양이처럼 가게로 들어가 돈을 훔쳤다. 그리고 단숨에 달려가 빚쟁이 아이를 불러냈다. 자다가 눈을 비비며 나온 아이에게 빚을 갚고 돌아와 단잠을 잤다. 신작로 집으로 이사해 얼마 안 되어 있었던 일이다.

"아비들아 너희 자녀를 노엽게 하지 말고, 오직 주의 교양과 훈계로 양육하라." (에베소서 6. 4)

009. 사고

1970년 1월 24일 오정, 복합계곡 공동묘지 너머에서 끔찍한 사고가 났다. 현장에서 죽은 사람도 있었고, 나를 포함해 크게 다친 사람도 있었다.

겨울방학이라 산에 나무하러 다니던 때의 일이다. 나무를 지고 내려오다가 무덤 벌에서 쉬고 있었다. 그때 제무시(한국전쟁 때 미군이 사용한 GMC 트럭) 1대가 덜커덩덜커덩 소리를 내며 계곡을 올라오고 있었다. 그때 아이들 가운데 누가 소리쳤다.

"제무시 타러 가자!"

그러자 무덤 벌에서 쉬던 아이들이 우르르 몰려가 제무시에 매달렸다. 그런데 막상 차를 탄 아이는 나와 진펄이 둘뿐이었다. 나는 사실 재빠르지 못했다. 그런데 기를 쓰고 차에 올라탔다. 하지만 너무 허망한 승리였다.

차를 타고 보니 아이들이 잠시 매달렸다가 다시 돌아가고 있었다. 그들을 본 진펄이도 재빨리 뛰어내려 돌아갔다. 그때 차가 가파른 비탈길을 오르고 있었다. 무언가 아찔한 생각이 들었다. 차가 주춤주춤하다가 뒤로 미끄러지기 시작했다. 순간 의식을 잃었다.

얼마의 시간이 흘렀는지 몽롱한 상태에서 깨어나 보니, 내가 누군가의 등에 업혀 계곡을 내려가고 있었다. 오른쪽 다리가 저려서 힐끗 보니, 발이 껍질에 매달려 덜렁거리고 있었다. 왼발도 이상한 느낌이 들어서 보니, 약지발가락과 새끼발가락이 뭉개져 있었다. 꿈인지 생시인지 아련해서 물어보았다.

"아저씨, 꿈이지요?"

그러자 그가 숨을 헐떡거리며 말했다.

"시끄럽다, 이놈아! 가만히 있어!"

무엇인가 심각한 일이 생겼다는 느낌이 들었으나 힘이 없어 더 이상 말할 수 없었다. 마치 뿌연 안갯속을 헤매는 듯했다. 그냥 꿈으로 받아들이고 싶었다.

"그래, 꿈이야."

그리고 다시 의식을 잃었다. 이후 한두 차례 깜빡깜빡 의식이 돌아오긴 했으나 극히 짧은 시간이었다. 내 몸이 출렁거림을 느꼈으나 다시 정신을 잃었다. 얼마의 시간이 지났는지 의식이 돌아와 보니, 나는 딱딱한 나무의자에 누워 있었고, 내 주변에 사람들이 모여 웅성거리고 있었다.

읍내 권의원이라는 병원이었다. 마침 장날이라 사람들이 많았다. 창문밖에도 사람들이 모여들어 웅성거리고 있었다. 어떤 사람은 내가 죽은 줄알고 눈물을 훔치기도 했다.

"어찌 됐어? 죽었어?"

"모르니더."

그때 안쪽에서 다급한 소리가 들려왔다.

"글쎄 안 된다니까! 안동 가! 시간이 없어! 빨리 시발이(미군 지프차를 개조한 택시) 불러!"

안절부절못하는 소리, 땅이 꺼져라 한숨 짓는 소리, 궁금해서 이것저것 물어보는 소리들이 한데 뒤엉켜 들려왔다. 나는 꿈결같이 몽롱하고 희미한 상태에서 그들을 훑어보았다. 그때 나는 병원 안쪽 창문 아래 의자에 누워있었다.

그런데 병원 앞쪽 거리에 운집한 사람들을 위에서 내려다보았다. 뒤늦게 도착한 친지가 사람들을 비집고 안으로 들어오려고 애쓰는 모습도 보였다. 차가 경적을 울리며 그들 사이를 지나가는 모습도 보였다. 그리고 다시 정신을 잃었다.

얼마 후 다시 정신이 들어서 보니, 내가 덜커덩거리는 시발택시 뒤에 누워 있었다. 주변을 살펴보니 아버지는 앞 좌석에 앉아 뒤쪽으로 비스듬히 혈액병을 들고 있었고, 아버지와 친한 아저씨는 내 옆에서 링거액을 들고 있었다. 일찍이 내게 페니실린 주사를 놓아준 분이었다.

영양에서 안동까지는 비포장도로로 2시간 정도 걸렸다. 모두가 조급하여 안절부절못했다. 운전기사도 최선을 다하는 듯 연방 이리저리 핸들을 급히 돌리며 말했다.

"최선을 다해 가고 있다니까요!"

그전에 누군가 빨리 가자고 다그친 모양이었다. 그들은 내가 깨어난 사실을 알아채지 못했다. 나는 힘이 없어 말을 할 수도 없었고 움직일 수도 없었다. 그냥 희미한 눈으로 바라볼 뿐이었다. 고개를 돌릴 힘도 없어 창밖을 보지도 못했다. 사그라지는 불꽃처럼 온몸과 마음이 까물까물하다는 느낌이었다. 한편 모든 게 편안하다는 느낌도 들었다. 그러다가 다시 의식을 잃었다.

그 이후는 기억이 없다. 살아있었는지 죽어있었는지 나도 모른다. 얼마의 시간이 지났는지, 무슨 외부적 충격으로 잠시 눈을 떴으나 온전한 기억은 없다. 간호사가 내 이름을 부르며 볼때기를 찰싹찰싹 때리는 것 같았다. 그러다가 뭐라고 한마디 하면서 밖으로 나갔다. 그리고 잠이 들었는지 깨어나 보니 병실이었다. 한바탕 꿈을 꾸고 일어난 듯했다.

그때 나는 오른쪽 다리 아래 종아리가 없다는 사실을 알았다. 분명히 발목을 다쳤는데 종아리까지 잘라냈던 것이다. 널빤지를 대고 붕대로 칭칭 감아 침대 끝에 매달아놓았다. 왼쪽 발도 뭉그러진 발가락 2개를 잘라내고 묶어놓았다.

그로부터 약 4개월간 병원에서 지냈다. 아버지와 어머니가 교대로 병시중을 했다. 나는 침대에 누워 지냈다. 양발을 다쳐 목발을 짚을 수도 없었다. 우리 반 담임선생님이 위로금을 모금해왔다. 그사이 나는 중학교 2학년 2반이 되었다. 그때 내 몸뚱어리는 병원에서 주는 규칙적 식사로 포동포동 살이 찌고 있었다.

내가 입원한 병실에 2명의 환자가 더 있었다. 한 사람은 자주 바뀌어 기억이 없지만, 다른 한 사람은 지금도 기억이 난다. 높은 다리에서 떨어져 엉덩이뼈와 종아리뼈가 부러진 40대 남성이었다. 엉덩이뼈 속으로 쇠막대기를 박았다. 종아리뼈가 어긋나게 붙어 종아리 절반이 내려앉은 상태로 굳어있었다. 재수술을 받아야 했지만 돈이 없었다. 병원비도 없어 퇴원할 수도 없었다.

그는 자책감에 술을 마시고 신세타령을 했다. 어느 때는 슬피 울기도 했다, 다행히 병원에서 주는 밥으로 식사는 했다. 목발을 짚고 화장실만 겨우 다녔다. 더 이상의 치료도 없었고 약도 주지 않았다. 병원 밖으로 나갈 수도 없었다.

그러던 어느 날, 그가 사라지고 보이지 않았다. 누군가의 도움으로 병원을 탈출했던 것이다. 모두가 잠들은 한밤중에 화장실 창문틀에 밧줄을 매고 도망을 갔다. 그가 누웠던 침대에 쪽지 하나가 있었다.

"원장님, 제가 죽지 않고 살아있는 한, 꼭 병원비를 갚겠습니다."

나는 어린 나이였으나 참으로 안타깝다는 생각이 들었다. 불구자가 되느냐 마느냐 갈림길에 선 사람을, 돈이 없다는 이유로 내버려두는 현실이 너무 안타까웠다. 그것도 기독병원에서 말이다. 천하보다 귀하다는 사람을 돈이 없다는 이유로 돌보지 않는 것이 너무 매정스러웠다. 그때 속으로 말했다.

"돈이 없다는 이유로 아픈 사람을 치료하지 않거나, 장애인이 되도록 내버려두는 의사는 의사가 아니다."

지금도 가끔씩 돈이 없어 죽어가는 사람을 본다. 정말 마음이 아프다. 비록 힘은 없으나 그때 마음은 지금도 변함이 없다. 그래서 더욱 마음이 무겁다.

"돈이 없어 아픈 사람이 치료받지 못하거나, 장애인이 되거나, 죽어간다면, 그건 국가나 교회의 잘못이다."

어느 때는 내 무능함에 가슴을 치고 울부짖기도 했다. 산에 올라가 고래고래 소리를 지르기도 했다. 하지만 내 앞에 놓인 현실은 너무나 모질고 냉정했다. 모든 환자에게 100% 의료보험을 지원하고, 마을마다 병원과 의사를 둔다면 얼마나 좋을까? 하지만 내가 무슨 수로 그런 일을 하겠는가?

얼마 전 중국 동포가 길에서 얼어 죽었다는 뉴스가 나왔다. 불법 체류자로 오갈 데 없었으며, 병든 몸에 먹지를 못해 굶주림까지 겹쳤고, 혹독한 추위에 몸을 가눌 수가 없었다. 그래서 119와 112에 10여 차례 전화를 걸어 도움을 구했으나 모두 무시되었다고 한다.

"추우면 빨리 집에 가서 쉬세요!"

세상에! 죽어가는 사람에게 이렇게 말하고 전화를 끊었다니, 참으로 통탄할 노릇이 아닌가? 물론 그 사정을 잘 몰라서 그런 줄 안다. 하지만 이후에도 어느 누구 하나 그 일에 관심을 두지 않았다. 이게 21세기 한국사회의 현주소라니 참으로 어처구니가 없다.

국가 지도자라는 사람이 믿음이 없어 그럴까? 그렇다면 믿음이 있다는 종교 지도자라는 사람은 무엇인가? 무엇보다 먼저 사람부터 살리고 봐야 하지 않겠는가? 하지만 현실은 사람보다 돈이 우선순위에 있다. 돈이 하나님 행세를 하고 사람들은 돈을 섬기며 산다.

"너희가 가진 것을 가난한 사람들에게 주어라. 그러면 모든 것이 너희에게 깨끗해질 것이다." (누가복음 11. 41)

010. 장애

1970년 사고로 나는 치명적 장애를 입었다. 사선을 넘나드는 사투를 벌이다가 간신히 목숨은 건졌으나, 심각한 후유증을 피할 수 없었다. 신체적 장애뿐만 아니라 정신적 장애까지 입었던 것이다.

그러나 지난 33년 동안, 나는 뇌와 정신에 이상이 생겼다는 사실을 몰랐다. 다들 그렇게 살아가는 것으로 알았다. 내가 운이 없거나 남들보다 못해서 그런 줄 알았다. 하지만 그건 착각이었다. 나는 장애인이 되었다는 사실조차 까맣게 잊고 살았다. 나중에 안 일이지만, 내 심장에 부정맥이 생긴 것도 그때 비롯되었다.

나는 무슨 일을 하든지 한곳에 집중할 수가 없었다. 요즘 흔히 말하는 조현병, 정신분열증이 생겼던 것이다. 그래서 모든 게 뒤죽박죽이었다. 복합 장애인의 특징을 고스란히 갖고 있었던 것이다. 차를 사도 오래 타지 못했다. 차를 한번 사고팔 때마다 적게는 수십만, 많게는 수백만 원의 손해를 보았지만, 뻔히 알면서도 그 일을 되풀이했다.

왜 그랬을까? 나를 통제할 능력이 내게 없었기 때문이다. 그래서 알면서도 그 일을 반복했던 것이다. 마치 귀신에 홀린 듯했다. 신용카드로 차를 사서 현금으로 되파는, 소위 카드깡의 목적도 없잖아 있었으나, 돌아보면 그 모든 것이 뇌 손상에서 비롯되었다.

사실 나는 지나치게 소심하고 조급했으며, 매사에 열등의식을 느끼고 비굴하기까지 했다. 무슨 일을 하든지 쉬 피로감을 느끼고 포기하기 일쑤였다. 늘 신경질적이고 불평불만으로 가득했으며, 손해와 낭패를 보면서도 그걸 운명처럼 받아들였다. 지지리 궁상도 유분수지, 실패와 좌절과 낙망이 주특기가 되었다. 내 주변 사람들이 얼마나 답답했던지, 차라리 가만히 있는 것이 돈 버는 길이라고 일러주었다. 알고 보니 그 말이 사실이었다.

한동안 내 일상은 주색잡기로 채워졌다. 날마다 대폿집 아줌마와 희희낙락했고, 바둑이나 당구 등으로 세월을 보냈다. 술을 마시지 않으면 아무 말도 하지 못했고, 심한 열등의식을 느끼며 늘 소외감에 시달렸다.

신앙생활을 하면서도 마음 문을 제대로 열지 못했다. 하나님의 형상대로 지음 받은 인간이 왜 짐승처럼 배설을 하는가? 개같이 방귀를 뀌는가?

일반 동물의 교미와 인간의 성생활이 무엇이 다른가? 어찌 보면 문제 아닌 문제에 사로잡혀 마음이 편할 날이 한시도 없었다.

그러다 보니 맨정신으로 아무것도 하지 못했다. 술친구 외에는 말도 붙이지 못했고, 아무도 사귈 엄두를 못 냈다. 직위가 높은 사람은 먹지도 않고 배설도 하지 않는 것으로 알았다. 아름다운 여성은 두말할 나위가 없었다. 나 같은 인간이 그 얼굴을 쳐다보면 죽는 줄 알았다. 그래서 누구를 사랑한다거나 좋아한다는 말을 진심으로 해본 적이 없다.

그런데 술만 마시면 내가 왕이라도 된 듯이 거들먹거렸고, 만유를 사랑하는 하나님의 아들이라도 된 양 우쭐거렸다. 그러면서 누가 무슨 요구를 하든지 거절하지 못했다. 뻔히 알면서도 값싼 호의를 베풀었고, 모른 체하고 속아주는 것을 미덕으로 여겼다. 특히 나보다 조금이라도 못하다고 싶으면 앞뒤 가리지 않고 퍼주기를 마다하지 않았고 큰 은혜라도 베푸는 양 생각했다. 알고 보니 비굴 중의 비굴이요, 교만 중의 교만이었다.

이처럼 나는 중복 장애를 심각하게 겪고 있었지만, 그 사실을 무의식 가운데 묻어두고 살았다. 하지만 믿음의 끈만은 완전히 놓지를 않았다. 그런 나를 주님이 긍휼히 여기셨다. 숱한 어려움 속에서도 미약하게나마 믿음이 자랐으며, 정신질환에서 서서히 회복되고 있었다.

"그러나 내가 긍휼히 여김을 받은 까닭은, 그리스도 예수께서 내게 먼저 끝없는 인내를 보이심으로써, 앞으로 주를 믿어 영생 얻을 사람들의 본보기로 삼으시려는 것이었다." (디모데전서 1. 16)

011. 농아

청각과 언어에 장애가 있는 농아인 친구가 있었다. 나보다 10살가량 많았으나 소위 통하는 데가 있어 서로 편하게 지냈다. 그는 대체로 사람들을 믿지 않았다. 수차례 속은 경험이 있었기 때문이다.

그러나 한번 믿은 사람에게는 끝까지 신뢰를 보냈다. 원래 심성이 착해 아무도 싫어하는 사람이 없었다. 가끔씩 나와 함께 막걸리도 마시고 노래도 불렀다. 하지만 자기만의 노래를 불렀다. 아무도 그 노래를 알아들을 수 없었다.

그는 나와 동병상련의 아픔을 느끼고 있었다. 그래서 나에 대한 배려를 아끼지 않았다. 집은 읍내 가까이 있었으나, 그의 아버지가 우리 마을 정미소를 그에게 주었던 바, 매일 출근하다시피 했다.

비록 듣지 못하고 말하지 못했으나, 울리는 진동과 감각으로 발동기 소리를 알아들었으며, 고장 여부도 진단하여 척척 수리를 해냈다. 사람들은 보리나 밀, 벼 등을 찧은 후 그것으로 수수료를 대신했다. 그래서 그는 곡식을 팔아 필요한 물건을 사고 외상값도 갚았다.

어느 따스한 봄날, 그가 도회지에 가서 예쁜 아가씨를 데리고 왔다. 소문에 의하면 술집 여자라고 했으나, 그건 별로 중요하지 않았다. 정미소 모퉁이에 작은 방을 꾸며 신혼살림을 시작했다.

겉보기에 그들 부부는 행복해보였다. 그런데 시간이 지나도 임신의 기색이 없자, 동네 아낙네들이 의심의 눈초리로 바라보기 시작했다. 그래서 그에게 물어보았더니, 자기와 같은 벙어리 자식이 태어날까 싶어 색시가 원하지 않는다고 했다. 그는 아내가 원하는 것은 무엇이나 다 들어주었다.

그러던 어느 날, 그녀가 갑자기 사라졌다. 은금패물을 챙겨 야반도주했던 것이다. 믿는 도끼에 발등 찍힌 격이었다. 그는 한동안 아무 일도 하지 못하고 술만 퍼마셨다. 술만 마시면 울고 또 울고 한없이 울었다.

그 농아 친구에게 농아 여동생이 하나 있었다. 실의에 빠져 술만 퍼마시는 오빠의 살림살이를 도와주라고 그의 아버지가 보냈다. 그리고 농아 친구와 친한 다른 친구가 있었다. 그는 어느 정도 수화도 하고 표정도 풍부하여 농아 친구와 더욱 친했다.

어느 날 그와 함께 농아 친구 집에서 놀다가 4명이 함께 자게 되었다. 윗목에 농아 친구, 나, 그 친구, 아랫목에 농아 자매가 누웠다. 잠자리가 어색하기는 했으나 그냥 자기로 했다. 그런데 그 친구가 농아 자매와 몸 장난을 쳤다. 잠든 체하고 가만히 있었더니, 그가 나를 자기 옆으로 잡아당겼다. 어쩌다가 건들었겠지 싶어서 농아 친구 옆으로 돌아누웠다. 그런데 자꾸 끌어당겼다. 비록 말은 하지 않았으나 자리를 바꾸자는 것이었다.

처음 당하는 일이라 적잖이 당황했다. 가슴이 콩닥콩닥 뛰면서 겁이 덜컥 났다. 농아 친구가 알면 가만두지 않을 것 같았다. 그래서 일단 농아 친구 옆으로 몸을 피했다. 그러자 농아 친구도 나를 그쪽으로 밀었다. 겁내지 말고 그대로 하라는 뜻이었다. 뭔가 낌새가 이상했지만, 농아 친구도 그 사실을 알고 있었는바 일단 안도가 되었다.

하지만 한편으로는 두려움에 사로잡혀 온몸이 벌벌 떨렸다. 개가 교미하면 새끼를 낳듯이 사람도 당연히 그럴 것이라 생각했다. 세상에 어찌 이럴 수가? 농아 자매가 애를 낳으면? 내 장래는? 순간적으로 오만가지 생각이 들면서 패닉 상태에 빠졌다. 어떻게 하든지 자리를 피해야 한다는 생각이 들었다. 심장이 쿵덕쿵덕거리며 혈압이 올라갔다.

그럼에도 이성에 대한 호기심이 내 양심을 깔아뭉갰다. 결국은 그날 밤,

수캐의 흉내를 내고 말았다. 그리고 개망신을 당했다. 너무나 부끄러웠다. 당황한 나머지 무엇을 어떻게 했는지 자세한 기억은 없지만, 그 자매와 오빠, 친구에게 내 수치를 드러냈다는 사실에 쥐구멍이라도 찾고 싶었다.

그리고 즉시 일어나 도망치듯 집으로 돌아왔다. 하지만 막연한 불안감과 조바심에 사로잡혀 밤을 새웠다. 적어도 1주간을 두문불출하고 밖에 나가지 않았다. 낮에도 이불을 뒤집어쓰고 있었다. 자매가 우리 집에 찾아와 자초지종을 털어놓지 않을까 가장 두려웠다. 그들의 얼굴을 볼 자신도 없었다.

그 후 나는 오랫동안 수놈 구실도 못한다는 콤플렉스를 앓았다. 결혼한 후에도 마찬가지였다. 사실 나는 장애가 한두 가지가 아니었다. 선천적이고 후천적이며, 중복적이고 복합적이었다. 시쳇말로 병신 중의 병신이요, 병신인 줄도 모르는 상병신이었다.

그리고 다시는 그 자매를 보지 못했다. 얼굴도 기억나지 않고 이름도 잊어버렸다. 내가 방구석에 처박혀있는 사이에 본가로 돌아갔기 때문이다. 이 일은 우리 4명의 영원한 비밀이었으나, 이제 내가 40여 년 만에 천기누설을 했다.

얼마 후 농아 친구가 운영하던 정미소도 문을 닫았다. 폐가 상태로 한동안 있다가 도로가 포장되면서 철거되었다. 그는 여기저기 돌아다니며 보일러도 고쳐주고, 담장도 쌓아주는 등 잡일을 했다. 오랜 세월이 지나 화물차에 벽돌을 싣고 가는 그를 만났다. 성묘를 갔다가 돌아오는 길이었다. 그는 정미소보다 수입이 좋다고 했다.

비록 귀가 멀어 말은 하지 못했으나, 그는 힘도 좋고 재주도 많았다. 자신이 맡은 일을 성실히 감당하여 신망이 두터웠고 대인관계도 원만했다. 그래서 사람들은 음으로 양으로 그에게 일거리를 주었고, 그는 열심히 일함으로써 그들의 기대를 저버리지 않았다.

"벙어리가 말하고, 절뚝발이가 성해지고, 앉은뱅이가 걷고, 소경이 눈을 뜨는 것을 보고, 사람들이 놀랍게 여기며 이스라엘의 하나님께 영광을 돌렸다." (마태복음 15. 31)

012. 머슴

우리 마을에 지적장애를 가진 동갑내기 친구가 있었다. 학교에 가지 않고 농사일만 했다. 30살이 넘도록 장가를 가지 못하다가 뒤늦게 이웃집 농아 자매와 결혼했다. 그리고 딸을 낳았는데 안타깝게도 농아였다. 장인이 외손녀를 어딘가 데려다주고, 딸에게 불임수술을 시켰다.

그 친구는 정신이 박약했으나 몸은 튼튼하고 마음씨도 고왔다. 그와 같이 솔직하고 담백한 친구는 아직까지 보지 못했다. 명절에 고향을 찾아갈 때면 어김없이 나타나 반겨주었다. 그는 마을의 유일한 젊은이였다. 비록 지능은 떨어지고 말은 어눌했으나, 마음 씀씀이는 천사와 같았다.

오래전 강 건너 골마라는 마을에 다른 친구가 있었다. 가정형편이 어려워 학교에 다니지 못하고 머슴살이를 했다. 머슴은 1년 새경을 미리 정하고 주인집에서 먹고 자며 일했다. 농번기에는 농사일을, 농한기에는 땔나무를 했다. 머슴에 따라 새경은 천차만별이었다.

그는 애기 머슴으로 새경이 적었다. 부잣집에서 밥이라도 얻어먹으며 살라고 그의 아버지가 학교 대신 머슴으로 보냈던 것이다. 어린 나이에 머슴이 되어 친구도 없었고, 다른 아이들과 어울리지도 못했다. 오히려 아이들의 놀림감이 되었다.

그러나 그는 아랑곳하지 않고 열심히 일했다. 누가 뭐라고 하면 잠시 얼굴만 붉힐 뿐 꾹 참고 지냈다. 언제나 말이 없고 늘 수심에 찬 얼굴이었다. 돌이켜 보건대, 그는 열등감에 사로잡혀 우울증을 겪은 것으로 보인다. 하지만 어느 누구도 그 사정을 알아주지 못했다. 그냥 한 보따리 빠지는 애로 치부했다.

비가 추적추적 내리는 어느 봄날 오후, 그는 개천가 판잣집 주막에서 어른들과 함께 막걸리를 마셨다. 머슴은 눈이나 비가 오면 쉬었다. 비록 나이는 어렸으나 머슴인 고로, 어른들과 함께 술도 마시고 담배도 피웠다.

당시 일꾼에게 막걸리가 새참으로 주어졌고, 담배도 하루에 1갑씩 주었다. 필터 없는 싸구려 담배였다. 일꾼들은 술기운에 열심히 일했고, 쉴 때는 꼭 담배를 피웠다. 그가 막걸리를 마시다가 갑자기 죽고 싶다고 하면서 뛰쳐나가 정말 농약을 마셨다. 천방(川防) 느티나무 밑에서 온몸을 비틀며 고통스럽게 죽었다.

그는 20살도 안 되어 그렇게 일생을 마쳤다. 사람들이 거적때기로 둘둘 말아 개천가에 두었다. 2일인가 3일쯤 있다가 그의 아버지가 술이 잔뜩 취해서 왔다. 죽은 아들을 보고 그 자리에서 불태워 강에 뿌렸다.

언젠가 영주에 있는 양계장으로 교육을 갔다. 양계장에서 일하는 일꾼들의 일을 도왔다. 3개월 동안 모이 주고, 알 꺼내고, 닭똥 치우고, 계사 소독하고, 예방주사 놓는 일 등을 했다. 당시 4H 운동이 활발하였는 바, 농촌지도소에서 보내주었다.

그때 양계장에서 식모살이하는 자매가 있었다. 귀가 어두워 잘 듣지 못했으나 말은 어눌하게 조금씩 했다. 16살인가 나이에 키가 작았으며, 얼굴은 둥글고 흰 편이었다. 자매의 소원은 보청기를 구입하는 것이었다.

농장에서 일하는 일꾼들이 자매를 하녀같이 취급했다. 하지만 늘 생글생글 웃으며 즐겁게 일했다. 상대방의 입술을 보고 무슨 말을 하는지 대충 짐작했다. 그 자매는 내 농아 친구의 여동생과 비슷했다. 나이와 키, 얼굴, 웃는 모습까지 모두 비슷했다. 그래서인지 나는 그 자매에게 연민의 정을 느꼈다. 사람들이 자매를 무시할수록 더욱 사랑스럽고 귀엽게 보였다.

어느 날 오후, 닭에게 썰어줄 아카시아 잎을 따기 위해 산으로 올라갔다. 우연찮게 그 자매를 만났다. 자매를 한번 포근히 안아주었으면 하는 마음이 간절했다. 그래서 가까이 오라고 손짓했다. 그러자 자매가 얼굴을 붉히며 아래쪽으로 내려갔다.

자매가 산을 내려가면서 주춤주춤하며 몇 차례 뒤를 돌아보았으나, 나는 농장 사람들에게 오해를 살까 봐 더 이상 부르지 않았다. 그저 물끄러미 바라보기만 했다. 자매가 내려간 후 그 자리에 드러누워 하늘을 우러러보았다. 이런저런 생각을 하다가 깜빡 잠이 들었다. 가위에 눌려 한참 애를 먹었다.

그 후 나는 많은 장애인을 접할 기회가 있었다. 장애인협회에서 일한 6개월과 복지관에서 근무한 1년 동안 그랬다. 단체장 비서 겸 운전사로 일하면서 국무총리도 만났고, 농아와 시각 장애인 단체장과 강남에서 식사도 했다. 무슨 일로 복지부를 방문했다가 단체장이 국장 조인트를 까는 것도 보았다. 단체장은 양다리가 모두 없었다.

또 복지관에 근무하면서 지적장애인도 많이 보았다. 그룹 홈과 재활작업장, 주 단기 보호시설 친구들도 만났다. 이후 장애인에 대한 인식이 많이 바뀌었다. 장애인은 장애를 가졌을 뿐이며, 나도 장애인이라는 사실을 알았다.

우리는 장애인에 대한 인식을 바꿔야 한다. 대부분의 장애인이 순진하고 순수하다. 약삭빠르지 못하고 잔꾀를 부리지 않는다. 심지어 장애를 가지고 있다는 사실조차 모른다. 장애인을 이용하거나 홀대하지 말아야 한다. 그들도 똑같은 사람이다. 염전 노예나 축사 노예 사건 등은 이제 사라져야 한다. 인간성을 말살하는 파렴치한 짓이다.

"예수님이 요한의 제자들에 말씀하셨다. '너희는 가서, 듣고 본 것을 그대로 요한에게 알려라. 소경이 눈을 뜨고, 앉은뱅이가 걷고, 문둥병자가 깨끗해지며, 귀머거리가 듣고, 죽은 사람이 살아나고, 가난한 사람에게 복음이 전파된다고 하라. 그리고 나를 의심하지 않는 사람이 복되다고 일러주어라.'" (누가복음 7. 22-23)

013. 별명

내 어릴 때의 별명은 '등신'이었다. 내 이름이 다른 사람의 비슷한 이름과 헷갈리면서 '등춘'이 되었다가 '등신'으로 진전되었다. 이 별명은 나보다 5살 많은 동네 형에 의해 지어졌다가, 나중에 '선비'로 바뀌었다.

지금도 나를 '임 선비'라고 부르는 친구가 있다. 이는 내 외모에서 풍기는 인상과 성격에 따라 붙인 것으로 보인다. 사실 '선비'가 처음에는 불알친구와 동창생들에 의해 불리다가, 나중에 친인척과 직장 동료, 술친구까지 확대되었다. 그래서 나 스스로 '선비'라는 닉네임을 사용했다.

본의 아니게 '선비'라는 닉네임을 사용하게 되었으나, 옛적의 고상한 선비의 기상이나 정신을 되새겨볼 때, 어느 모로 보나 가당치 않다는 생각이 들었다. 그래서 '못난 선비'라고 고쳐서 사용했다.

"그래, 내가 선비라면 어리석고 못난 선비가 맞아."

그러자 부산에 사는 동창생이 말했다.

"못난 선비가 아니라 잘난 선비일세. 이 사람아!"

나를 격려하는 말로 들렸다.

이후 신앙생활을 하면서 '청지기'라는 닉네임을 사용하게 되었다. 신앙인에게 있어서 무엇보다도 청지기 정신이 중요하다고 여겼기 때문이다. 청지기 정신은 오늘날 교회를 향하신 예수 그리스도의 뜻이기도 하지만, 공자(孔子)의 안빈낙도(安貧樂道)에서 그 유래를 찾을 수 있다.

청지기 정신의 역할 모델은 성 프란체스코(S. Francesco, 1182~1226), 한경직 목사(1902-2000, 영락교회), 법정 스님(1932-2010, 조계종), 프란치스코 교황(Francisco, 1936-) 등을 꼽을 수 있다.

"그렇다면 지혜 있는 사람이 어디 있으며 학자가 어디 있습니까? 이 시대에 철학자가 어디 있습니까? 하나님께서 세상의 모든 지혜를 어리석게 하지 않았습니까?" (고린도전서 1. 20)

제2편

모정의 세월

014. 동생

동생은 서울에서 상고를 다니다가 폐병에 걸려 심한 기침과 각혈을 했다. 독한 약을 많이 먹어 피골이 상접하고 몰골이 사나웠다. 결국은 졸업을 얼마 앞두고 휴학한 뒤 고향으로 내려왔다. 보건소에서 정기적으로 검진을 받으며 치료했다. 지성이면 감천이라고, 부모님의 극진한 양호로 폐병을 물리치고 건강을 회복했다.

동생은 요양을 하면서 짬짬이 공무원 시험공부를 했다. 가정형편을 생각해 직장을 다니면서 공부할 생각이었다. 검찰사무직 공부를 하다가 교정직 시험에 응시해 단번에 합격했다. 법무부 소속 공무원으로 임용되어 서울구치소에서 근무를 시작했다. 그런데 얼마 후 입영통지서가 나왔다. 고향에 내려와 무기고 초병으로 복무하게 되었다.

무기고는 우리 집에서 산길로 30리쯤 떨어져 있었다. 1일 근무하고 2일 쉬는 3교대 근무였다. 오전 9시부터 다음날 오전 9시까지 근무하고, 그 다음날까지 쉬었다. 그래서 대부분의 초병들은 집에서 농사를 지으며 복무했다. 근무일에는 도시락을 3개 싸서 어둑새벽에 길을 나섰다.

1981년 8월 15일, 우리 민족이 일제 강점기에서 해방된 날이다. 광복절이 되면 으레 마을마다 잔치를 벌였다. '초해 먹는 날'이라고 했다. 시골에서는 아직도 초해 먹는 곳이 더러 있다. 집집마다 음식을 가지고 나와서 함께 먹고 즐겼다. 어른들과 아이들이 모두 즐기는 동네 잔칫날이다.

이 좋은 날 동생이 죽었다. 동생은 근무일이었다. 제대를 1개월 앞두고 있었다. 무기고 초병들도 관례에 따라 단합대회를 가졌다. 마침 제대를 하루 앞둔 초병이 있었던바, 먼저 체력단련을 위한 축구시합을 하고, 무기고 마당에서 전별회식을 가졌다. 무기고 바로 옆에 초등학교 분교가 있었고, 초병들은 그 운동장을 연병장으로 사용했다.

초병 8명이 4명씩 편을 갈라 축구시합을 했다. 당일 근무자 1명만 빼고 모두 참가했다. 전체 초병의 수가 3명씩 3개 조로 9명이었다. 직속상관은 그 마을에 사는 예비군 중대장이었고, 축구는 초병들의 체력단련을 위한 연중행사였다.

그러나 막상 사고가 나자 그게 군무이탈이 되었다. 오랜 관행과 정황은 인정되지만, 초병에 대한 엄격한 규율이 요구된 시대적 상황과, 군사재판의 판례상 어쩔 수 없다고 했다. 그때 10.26 사태가 발생하여 독재자가 죽고, 신군부 정권이 들어서는 등 시국이 어수선했다.

그날 초병들은 계획에 따라 축구시합을 하고 전별회식을 가졌다. 근무자 와 비근무자가 함께하기 위해 무기고 마당에서 회식을 했다. 이 또한 오랜 관행이었다. 무기고 앞에 큰 소나무가 있었고, 그 아래 놓인 평상은 초병들 과 주민들의 쉼터였다.

사실 학교운동장에서의 축구시합과 무기고 마당에서의 전별회식은 초병 들의 정기행사였다. 9명의 초병이 3교대로 3명씩 1년간 근무를 했던바, 모 두가 함께할 단합대회가 무기고 옆 운동장이나 무기고 마당이 아니면 어려 웠고, 하기 휴가철이나 민속 명절을 이용할 수밖에 없었다. 게다가 군대 조 직상 누구나 계획에 따라야 했고, 그 행사가 직속상관인 예비군 중대장의 지휘 아래 있었다.

설령 예비군 중대장의 지휘나 초병들의 행사가 법규에서 다소 벗어났다 고 해도, 무기고가 산간오지에 소재하여 상급부대의 지도나 감독이 제대 로 미치지 못했던 것이 사실이고, 그때 당시 그들이 실시한 축구시합이나 전별회식은 그들의 행사계획에 따른 군복무의 일환이었던 것이다.

그때 동생은 폐결핵 후유증으로 몸이 쇠약했고, 애당초 술과 담배를 배우지 않았다. 서울에서 공직생활을 하다가 시골에 내려와 초병으로 근무했다는 사실도 선임자의 시기를 받을 여지가 있었다. 군대의 권위주의적이고 망국적인 음주문화와 단체기합을 어찌 피할 수 있었겠는가? 그것도 상대가 인사불성 상태였으니 말이다. 아무도 막을 수 없었다고 본다.

초병들의 증언에 의하면, 전별회식이 시작되자 모든 초병이 제대를 하루 앞둔 선임자에게 술잔을 권했다. 술에 장사 없다는 말이 있듯이, 그는 후임들의 축하를 받으며 마음껏 마시고 취했다. 민족의 축제일이자 동네 잔칫날이요, 자기 전별식이니 오죽이나 했겠는가?

그런데 그는 못된 버릇이 있었다. 소위 주사(酒邪)라는 게 있었다. 술이 얼근하게 취하자 후임들에게 단체기합을 주기 시작했다. 자기 마지막 권위를 드러내 보이려고 한껏 거들먹거리며 으스댔다고 한다. 그는 사고를 저지른 후 자기가 무슨 짓을 했는지 하나도 기억하지 못했다. 당시 군대의 음주문화는 정말 후진적이요, 망할 병이었다.

내가 퇴직하기 직전의 일이다. 과장이 새로 부임하여 강남의 어느 한식집에서 회식을 했다. 식사와 함께 술판이 벌어졌다. 어느 정도 술기가 돌자 과장이 소주 1박스를 통째로 시켰다. 1병을 따서 음료수 글라스에 부었다. 그리고 자기가 먼저 한 잔을 쭉 들이켰다. (이는 사전에 준비한 물이었다) 그리고 옆에 앉은 직원에게 주면서 말했다.

"자, 원 샷(one shot)하고 마음에 드는 사람에게 돌려! 한 방울이라도 떨어뜨리면 계속 고(go)야!"

그러자 옆에서 알랑방귀를 뀌던 직원이 손을 벌벌 떨며 받아 벌컥벌컥 마시기 시작했다. 그런데 마지막 순간에 재채기를 하여 몇 방울 떨어뜨리고 말았다. 기다렸다는 듯이 과장이 말했다.

"모두 봤지? 원 모 글라스(one more glass)!"

그리고 또 1병을 따라주었다. 그러자 그가 잠시 숨을 돌린 뒤 쭉 들이켰다. 그리고 옆 사람에게 건네주자 과장이 또 태클을 걸었다.

"야, 이 사람아! 다 마셨으면 '원 샷!' 하면서, 잔을 머리 위에 엎어 흔들어야지. 그래야 한 방울도 남기지 않고 다 마셨다는 것을 알 게 아닌가? 한 잔 더!"

그가 말했다.

"좋습니다. 과장님! 그러시면 한 잔 더 마시겠습니다!"

그렇게 해서 그는 연거푸 소주 3병을 마시고 겨우 잔을 돌렸다. 술잔은 소위 말하는 인기순으로 돌아갔다. 잔을 받은 사람은 누구나 과장 앞으로 나가 머리를 조아리고 술을 받아야 했다. 어떤 사람은 "감사합니다!" 하면서 충성을 맹세하듯 했다. 이윽고 잔이 신입직원에게 넘어갔다. 그러자 그는 사색이 되어 더듬거리며 말했다.

"과, 과장님, 저는 이걸 마시면 죽을 것 같아요!"

그러나 예외는 없었다. 나는 차례가 되기 전에 화장실 가는 척하고 밖으로 나와 집에 돌아왔다. 그러더니 결국 그날 밤, 1명이 병원에 실려 갔다. 혈압이 급격히 떨어져 죽는 줄 알았다고 했다.

동생은 당일 근무자 사수로서 나름대로 최선을 다했다고 본다. 불미스러운 사고를 방지할 책임이 있었던바, 모른 체하고 그냥 넘어갈 수가 없었다. 어떻게 하든지 만취자의 행패로부터 초병들을 보호해야 했다. 동생이 그다음 선임이었기 때문이다. 사실 그때 초병들은 동생만 쳐다보고 있었다고 한다. 그래서 동생은 무모한 기합을 말릴 수밖에 없었다. 그러자 단체 기합은 중단되고 동생과의 말다툼으로 이어졌다.

그는 동생의 만류로 자기 권위가 떨어졌다고 생각했다. 전별식을 하면서 기합의 정당성이 없다는 사실은 깨달았으나, 자기 자존심을 살리기 위해 술병을 깨어 들고 죽이겠다고 덤벼들었다. 위험을 느낀 동생이 무기고 뒤편으로 피하자 그가 뒤따라갔다. 그때 무기고 벽에 난방용 장작이 쌓여있었다. 동생이 장작을 들고 방어 자세를 취하자, 그가 순간적으로 덮쳐 동생의 심장을 찔렀다.

그렇게 해서 동생은 그 자리에 쓰러져 피를 흘리고 숨졌다. 산간오지라서 병원으로 옮길 시간적 여유도 없었다. 헌병대에서 나와 사고 경위를 조사했다. 그들의 조서 내용은 대략 이러했다.

"무기고 초병이 근무지를 이탈하여 축구를 했을 뿐만 아니라, 근무 중 회식에 참석하여 근무수칙을 지키지 않았으며, 회식 중 동료 초병과의 사소한 시비 끝에 싸움이 벌어져, 상대방이 휘두른 흉기에 찔려 사망했다."

동생의 죽음은 이렇게 변사사건으로 처리되었다. 나중에 듣기로는, 당시 시국이 불안하여 범국가적으로 강력한 군기체계가 요구되었을 뿐만 아니라, 진급을 목전에 둔 부대장의 개인적 사정으로 그렇게 처리할 수밖에 없었다고 했다.

그리고 상당한 세월이 흘러 문민정부가 지나고 국민의 정부로 이어졌다. 그동안 가려져 있던 병영사건들이 재평가되기 시작했다. 군 의문사 진상규명의 일환으로 자살이나 변사로 처리된 사건들이 순직으로 뒤바뀌는 등, 억울하게 죽은 병사에 대한 명예가 속속 회복되고 있었다.

나도 언젠가 시대가 바뀌면 동생의 명예가 회복되리라고 생각했다. 그래서 동생에 관한 자료를 하나도 버리지 않고 보관해왔다. 사고 당시 목격자들의 증언을 듣기 위해 수차례 현장을 방문하기도 했다. 하지만 결과는 역부족이었다.

동생이 죽었을 때 나는 아무것도 몰랐고, 무엇을 어떻게 할 수도 없었다. 오랜 세월이 지난 후, 그동안 모아둔 자료를 참조하여 탄원서를 작성했다. 내가 퇴직하기 얼마 전, 그러니까 1999년쯤으로 짐작된다. 동생의 명예회복을 위해 여러 기관에 탄원서를 보냈다. 하지만 모두 육군본부로 이첩되었고, 육군본부는 끝내 받아들이지 않았다. 그래서 20년 동안 와신상담하며 기다렸던 동생의 명예회복은 끝내 이루어지지 않았다.

그 후 하나님께서 이 일을 판단해달라고 간절히 기도했다. 그러자 이 세상에서는 인정을 받지 못했어도, 하나님의 나라에서는 위로를 받을 것이라는 감동이 있었다.

"네 동생은 결코 불명예스럽거나 부끄럽게 죽지 않았다. 나름대로 최선을 다한 의로운 죽음이었다."

그래서 감사기도를 드린 뒤, 홀가분한 마음으로 20년간 보관한 자료를 모두 소각했다.

그렇게 동생이 죽자 어머니는 몹시 슬퍼했다.

"고참(선임)이라고 해서 씨암탉까지 잡아 그토록 극진히 대접했는데, 바로 그놈이 내 아들을 죽일 줄이야!"

사고 당시 나는 엉겁결에 눈물이 나지 않았다. 그저 몽롱한 상태에서 부모님만 따라다녔다. 그런데 동생을 길가에 묻고 집으로 돌아온 뒤, 슬픔에 잠긴 어머니의 울음소리를 듣고 나도 모르게 눈물이 쏟아졌다. 소리 없이 그저 눈물만 줄줄 흘렸다. 아버지도 크게 슬퍼하며 울었다. 아버지가 우는 모습은 그때 처음이었다.

"우리 집안에 기둥이 될 만한 인간은 다 떠나는구나! 아이고, 아이고!"

어쩌면 아버지의 애통이 할아버지와 할머니로부터 들은 통탄일지 모른다는 생각이 들었다. 어머니는 빼앗긴 인삼 1뿌리의 태몽이 생각나 더욱 비통했을 것이다. 일찍이 할아버지가 아들을 잃고 아버지가 형을 잃었듯,

그렇게 아버지는 아들을 잃고 나는 동생을 잃었다.

엘리사가 샘으로 가서 물에 소금을 뿌리며 외쳤다. "이것은 여호와의 말씀이다. 내가 이 물을 고쳤으니, 다시는 이 물을 먹고 사람이 죽거나, 농산물이 열매를 맺지 못하는 일이 없을 것이다!" (열왕기하 2. 21)

015. 주초

1970년 사고로 나는 우측 종아리와 좌측 발가락 2개를 잃었다. 그해 5월 퇴원하여 집에서 쉬고 있었다. 햇살이 따스했다. 그날따라 집에 아무도 없었다. 마루에 걸터앉아 하염없이 하늘만 쳐다보고 있었다. 불구자로 산다는 것이 어떨지 막연히 불안했다.

그때 갑자기 목탁소리가 들렸다. 40대로 보이는 남자 승려가 느닷없이 내 앞에 나타나 목탁을 두드리며 염불을 외기 시작했다. 나는 모든 게 귀찮았다. 본척만척하고 그냥 하늘만 쳐다봤다. 이것저것 생각이 많았기 때문이다.

그러자 그가 갑자기 욕을 하고 침을 뱉으며 떠나갔다. 자기 분을 못 이겨 씩씩거리며 이리저리 몸을 뒤흔들었다. 무의식중에 하늘만 쳐다보다가 깜짝 놀랐다. 남의 사정도 모르고 꽤나 기분이 상했던 모양이다.

나는 퇴원하자마자 그렇게 욕을 바가지로 먹었다. 가뜩이나 마음이 뒤

숭숭한 상태에서 중이 욕까지 하고 가서 더욱 심란했다. 하지만 개의치 않고 계속 하늘만 쳐다보았다. 당시 돌중이 많이 돌아다녔는바, 그럴 수도 있으려니 생각했다.

그리고 5월 말인가 6월 초쯤 학교에 갔다. 중학교 2학년 2반이었다. 읍내에 셋방을 얻어 자취를 시작했다. 할머니가 우리 형제 뒷바라지를 했다. 당장 자전거 통학이 어려웠기 때문이다. 하지만 나는 공부에 흥미가 없었다. 모든 것이 예전과 같지 않았다. 5개월간의 공백으로 더욱 그랬다.

그런데 문제는 그해 말부터 읍내 친구들과 어울려 술을 마시고 담배를 피우기 시작했다는 것이다. 이후 30년 가까이 주초를 벗 삼아 지냈다. 그때 그 돌중의 저주가 실제로 임하지 않았나 하는 생각도 가끔씩 들었다.

사실 돌이켜 보면, 나는 너무 오랫동안 보이지 않는 무슨 힘에 의해 이끌려 다녔다. 가장 큰 원인은 주초였다. 주초를 멀리했다면 지금과 같은 최악의 상황은 없었을 것이라고 본다. 그동안 수십 번 넘게 주초 청산을 다짐하고 다짐했건만, 그 뿌리를 완전히 뽑을 수 없었다. 그럴 만한 능력이 내게 없었던 것이다.

지난 30년간 내 앞잡이는 주초였다. 술맛도 모르고 담배 맛도 모른 채 그냥 술만 마시면 좋았다. 이 세상 모든 것이 내 안에 있었고, 모든 사람이 다 좋았다. 사실 술기운이 나를 지배할 때는 하늘을 날아가는 듯했다. 술은 언제나 나를 친절하게 대했고, 더욱 선하게 이끌었다. 하지만 그건 마귀의 궤계요, 사탄의 함정이었다. 실상은 나를 가장 어리석고 비굴하게 만들었다.

주초로 인해 나는 항상 불안하고 초조했다. 늘 불평불만하고 불순종했다. 나도 모르는 사이에 재산을 탕진했고, 엄청난 빚을 떠안았다. 단란했던 가정까지 파괴하고, 천진난만한 아이들에게 깊은 상처를 입혔다. 내 몸과 영혼은 병들었고, 내 인생은 좀먹었다.

주초의 폐해는 상상을 초월했다. 알레르기 비염과 아토피 피부병, 위하수와 십이지장궤양, 소화불량, 허리통증, 전립선 비대증, 다리 저림 등 내 몸에 온갖 질병을 안겨주었다. 주초와 함께한 나날들이 내 인생을 송두리째 파괴했던바, 나는 하는 일마다 낭패를 당하고 좌절을 맛봐야 했다.

그뿐만이 아니었다. 주초는 내 영혼과 인격까지 파괴하여 황량하게 만들었다. IQ 155의 지능을 송두리째 빼앗아갔고, 세상에서 둘도 없이 미련하고 아둔한 자로 만들었다. 정말 주초로 인한 자유와 기쁨은 일순간이었고, 속박과 멍에의 고난과 결박과 굴레의 고통은 끝없이 이어졌다. 진정한 평화는 눈곱만큼도 찾아볼 수 없었다.

그러던 어느 날 새벽, 주님의 계시를 받았다. 나는 가끔씩 새벽에 꿈을 꾸거나 환상을 본다. 그때도 새벽기도를 드린 뒤 잠시 누웠다가 환상을 보았다. 내게 주어진 일을 나름대로 열심히 했다. 호구지책의 수단이긴 했으나 하나님의 사명으로 받아들였다. 그런데 늘 개운치를 않았다. 일을 마치고 돌아보면 꼭 지저분한 쓰레기가 널려 있었다.

내 성격상 그대로 두지 못하고 부지런히 치웠다. 하지만 아무리 치우고 치워도 말끔히 치워지지 않았다. 그래서 늘 안타까운 마음이었다. 그런데 내 뒤에서 도와주는 분이 있다는 사실을 알았다. 그때 내 지난 발자취를 한꺼번에 돌아보았다. 이제까지 걸어온 내 뒤안길이 깨끗했다. 그분이 내 뒤를 따라오면서 말끔히 치워주셨던 것이다.

'그래, 바로 주님이시다!'

순간 나는 자리에서 벌떡 일어나 감사기도를 드렸다. 그리고 오랜만에 단잠을 잤다. 여러 가지 사정이 얽히고설켜 불안하고 초조했으며, 밤새도록 번민하면서 잠을 설쳤다가 정말 꿀잠을 잤다.

주초는 내 자신의 원수이자 우리 집안의 철천지원수다. 내 인생을 파괴한 것도 부족하여, 술을 모르는 내 동생까지 하수를 앞세워 죽음으로 몰아넣었다. 알코올 중독으로 큰집의 장형을 죽였으며, 간암으로 중형을 죽게 하였다. 사실인 바 아직도 술로 인해 인생을 망치는 집안사람이 너무 많다. 술은 정말이지 쳐다보지도 말아야 한다.

"술 취하지 말라. 이는 방탕한 것이니, 오직 성령의 충만을 받으라." (에베소서 5. 18)

016. 징조

일찍이 의미심장한 환상을 보았다. 처음에는 몰랐으나 나중에 생각해보니 알거지가 될 징조였다. 이는 음부(陰府)의 갈증이요, 만취자의 목마름이었다. 오래전 외할머니의 탄식이 현실로 다가온 듯했다.

그다지 크지도 않고 작지도 않은 강이 보였다. 강 복판에 느닷없이 큰 구멍이 생기더니, 주변의 물과 어족을 한꺼번에 빨아들였다. 그러고도 부족한 듯, 지천에서 흘러오는 물과 아래로 흘러간 물까지 모조리 끌어와 쭉쭉 소리를 내며 삼켜버렸다.

그러자 강은 순식간에 샘의 근원부터 하류까지 바싹 말라버렸다. 그럼에도 구멍은 여전히 목마른 듯, 산 너머 다른 강 물줄기까지 빨아들였다.

일순간 눈에 보이는 모든 강이 황량하게 변했다.

그때 나는 산 중턱에 있는 움막에서 기어들어가고 나오며 살고 있었다. 아래쪽 강을 보니 삭막하기 그지없었다. 강 가운데 뚫린 시커먼 구멍은 지옥에서 방금 올라온 괴물의 아가리 같았다.

그리고 2001년 2월 9일, 또 환상을 보았다. 과일나무에 열매가 주렁주렁 달려 있었다. 그런데 모두가 하나같이 익지 않고 풋과일 상태로 떨어졌다. 내가 하는 일마다 결실치 못할 것이라는 의미로 다가왔다. 그래서 울고 불며 기도했더니, 위로와 격려의 말씀을 주셨다.

1. 주님의 손을 꼭 잡아야 한다.
2. 여정의 파도를 넘어야 한다.
3. 기도의 가교를 타야 한다.
4. 말없이 순종해야 한다.
5. 땀을 흘려야 한다.

그리고 그동안 받은 말씀도 상기시켜 주셨다.

1. 감사함으로 살다가 감사함으로 들림 받자.
2. 무슨 일도 불평불만하거나 불순종하지 말자.
3. 깊은 데로 가서 그물을 내려 고기를 잡자.

2001년 3월 1일 본 환상은 이렇다. 내 짐이 두세 개의 큰 보따리와 서너 개의 작은 보따리로 나누어졌다. 하지만 그것이 해결의 실마리는 아닌 듯했다.

시냇물이 얕아 물고기가 헤엄쳐 다니기 어려웠다. 그러다가 고기 등이 물 밖으로 드러나기 시작했다. 얼마 후 물이 조금 불어나는가 싶더니, 다시 빠지기 시작하여 아예 싹 빠졌다. 그래서 고기가 옆으로 드러누워 숨을 헐떡거렸다.

그런데 그 옆으로 다른 물줄기가 있었다. 강이 크고 깊었으며, 깨끗한 물이 흘러넘쳤다. 하지만 마른 강의 고기는 몸부림을 치다가, 아예 강가로 뛰쳐나와 가쁜 숨을 몰아쉬며 죽어가고 있었다. 안타까웠지만 어쩔 수가 없었다. 그 고기에서 나 자신을 보는 듯했다.

2001년 3월 3일 본 환상이다. 언덕 위에 우리 초가집이 있었다. 그 앞에 10m쯤 되는 낭떠러지가 있었는데, 그 아래로 내 짐을 모두 던졌다. 소파와 장롱 같은 세간은 물론, 크고 작은 소지품을 다 버렸다. 그때 '가벼운 환란'과 '거룩한 수단'이 도와주었다. 그리고 아래쪽을 내려다보니, 그걸 모아 재활용하려는 사람들이 북적거렸다.

"여호와의 구원을 조용히 기다리는 것이 좋고, 사람이 젊었을 때 이런 인내를 배우며 훈련하는 것이 좋다." (예레미야애가 3. 26-27)

017. 빚

1979년 10월 1일 공무원으로 임용되었다. 그해 그달 10.26 사태가 발생했다. 기관장이 바뀌면서 감사가 시작되었다. 150만 원 상당의 변상금이 떨어졌다. 그때 내 월급이 6만 5천 원 정도였고, 한 달 하숙비가 6만 원이었다. 사회생활의 첫 단추가 잘못 끼워져 평생 빚쟁이 신세가 되었다.

그때부터 지금까지 빚은 내게 숱한 어려움을 안겨주며 덩치를 키워왔다. 잠시도 쉬지 않고 끊임없이 나를 짓누르며 괴롭혔다. 어느 한순간도 편히 쉴 만한 시간을 주지 않았다.

"내가 진실로 너희에게 말한다. 너희가 마지막 한 푼까지 다 갚기 전에는 결코 거기서 나오지 못할 것이다." (마태복음 5. 26)

술이 사탄의 앞잡이였다면 빚은 악마의 아가리였다. 마구잡이로 집어삼켜 배때기를 키워왔다. 이제 술이 떠났으니 빚도 사라지리라 본다. 주님이 선히 여기시니 반드시 사라질 것이다. 주님의 뜻을 온전히 이루기 위해 잠시 지체될 뿐이다.

"하나님을 사랑하고 그분의 뜻대로 부르심을 받은 사람들에게는, 모든 일이 합력하여 선을 이룬다는 사실을 우리는 알고 있습니다." (로마서 8. 28)

1979년 10.26사태로 서울의 봄이 오는가 싶더니, 신군부 세력이 득세하면서 그 수하가 새 기관장으로 부임했다. 전 기관장이 판공비를 다 쓰고 퇴임했다는 이유로 노발대발하여 복지관 감사를 하라고 지시했다. 감사실 직원들은 그 의도를 알아채고 저마다 충성하려고 설쳐댔다. 권위주의 시절에는 기관장의 눈에 한 번 들기만 하면 누구나 출세가도를 달렸다.

복지관은 현역이 배제된 가운데 일반 직원들로 구성된 복지위원회에서 운영했다. 식당 2곳, 매점 2곳, 다방, 이발소, 세탁소, 아파트 3동 등이었다. 수익금은 명분상 직원복지를 위해 사용한다고 했으나, 음으로 양으로 기관장 판공비로 사용되었다.

복지위원회는 2대 기관장이 해외출장비를 아낀 돈으로 기금을 조정하여 설립했다. 그리고 그와 친분이 있는 직원을 위원장으로 세워 자치적으로 운영토록 했다. 2년간의 근무기간이 끝나면 다른 곳으로 전출하는 군인에게 불만의 소지가 되었다. 그들의 밥값이나 찻값이 명분상 일반 직원의 복지에 사용되었기 때문이다. 아파트 입주권도 군인에게 주지 않았다.

그때 나는 복지구매담당으로 임명되어 매점 2곳과 물품창고를 관리했다. 하지만 계장이 공병 장교 출신으로 나이가 많아 눈이 어두웠다. 그래서 내가 현금출납공무원까지 겸하게 되었다. 물품수납과 재고관리는 사병에게, 매점 관리는 여직원 2명에게 맡겨두었다.

감사 결과 계장을 포함한 일반 직원 4명이 징계위원회에 회부되어 변상금 부과와 아울러 대기발령이 났다. 그야말로 고래 싸움에 새우등 터진다는 경전하사(鯨戰蝦死)의 참극이 일어났던 것이다. 어쩌면 오랑캐로 오랑캐를 친다는 이이제이(以夷制夷)의 촌극이었는지 모른다.

당시 내 변상금이 가장 컸던 이유는 식당이나 다방 등에 비해 매점의 물품이 많았기 때문이었다. 아파트 지하 창고에 물품이 가득했다. 그때 거래처별로 외상거래를 했는데, 영업사원의 로비로 필요 이상의 물건을 많이 받아두었기 때문이다.

또 쥐와 좀 등에 의해 물품이 훼손된 것도 많았다. 물품을 인수할 때 어느 정도 인정할 수밖에 없었다. 내 전임자도 6개월 전에 인수하여 내게 다시 인계했기 때문이다. 그러고 보니 그는 운이 좋아 퇴직했고, 나는 운이 나빠 취직했다.

그래서 복지위원회는 강제로 해산되었고, 소관 업무는 근무지원단으로 이관되었다. 물품은 복지위원회가 인수하고 현금으로 인계하라는 얼토당토않은 억지 처분이 떨어졌다. 어처구니가 없었다. 하지만 신군부의 위세 앞에 아무도 어쩔 수가 없었다.

복지위원장은 감찰부에 제소하겠다고 했지만 결국은 그렇게 하지를 못했다. 당시 조금만 밉보여도 즉시 해고되는 때였다. 실제로 숱한 직원들이 특별한 사유도 없이 해고를 당했다. 심지어 부인이 구멍가게를 한다는 이유로 쫓겨난 사람도 있었다. 신군부가 정원의 10%를 무조건 감축하라고 지시를 내렸기 때문이다.

복지관 물품을 위원장실로 옮겨 직원들에게 원가로 판매했다. 직원들의 눈물어린 협조로 많이 팔렸지만, 부족분은 내가 변상할 수밖에 없었다. 위원장이 결손처리를 건의했으나 기관장이 일언지하에 거절했기 때문이다.

"그렇다면 위원장이 대신 내시오!"

결국은 내게 보증을 섰던 읍장과 농촌지도소장, 그리고 부모님에게 연대하여 변상하라는 공문이 송달됐다. 아닌 밤중에 홍두깨라고 그들의 공직 생활까지 망칠 뻔했다. 당시 공무원 임용 시 5급 이상의 공직자 2명의 보증이 필요했다. 우리 읍내에 사무관 이상은 그들밖에 없었던 바, 부득이 그들의 도움을 받았던 것이다. 정말 나는 어려운 시기에 태어나 힘겨운 인생길을 걸었다.

어느 날 대기발령을 받은 동료 직원이 와서 말했다. 총무과장을 찾아가 빌어야 한다고 했다. 계장은 이미 눈 밖에 나서 구명운동을 벌이고 있으며, 우리도 가만히 있으면 잘린다고 했다.

그래서 다음날 일요일 아침, 서리가 하얗게 내린 매우 추운 날이었다. 과일바구니를 사들고 총무과장이 사는 아파트를 찾았다. 그러자 그 다음날 월요일 오후, 우리 3명은 다시 보직을 받았다. 하지만 계장은 오랫동안 대기발령 상태로 있었다. 결국 면직될 것이라는 소문이 돌았으나, 어느 3성 장군의 도움으로 다시 보직을 받았다.

그때부터 고달픈 인생살이가 시작됐다. 모든 걸 포기하고 그만둘 생각도 있었으나, 기회를 놓쳐 그럴 수가 없었다. 나는 거의 자포자기 상태에 빠졌고, 깊은 혹암의 구렁텅이에서 빠져나올 기미도 없었다. 내 인생은 위기였고, 내 삶은 질곡의 가시밭길이었다.

나는 사업국 행정담당으로 보직을 받았다. 하지만 그 부서에서 일할 시간은 없었다. 해체된 복지위원회의 재고품을 처리하는 등 사후관리가 많았기 때문이다. 위원장의 협조로 과장이 배려해주었다. 위원장은 일반 직원을 대표하는 최고의 위치에 있었다.

그러다가 조직개편으로 내가 소속한 부서가 없어졌다. 어느 날 과장이 불러 어느 부서로 가기를 원하느냐고 물었다. 나는 아무것도 모른 채 그냥 회계부서로 보내달라고 했다. 그 과장은 인품이 고상하여 직원들 사이에서 신망이 두터웠다. 그래서 회계과로 발령이 났다.

알고 보니 회계과는 평범한 부서가 아니었다. 아무나 가고 싶다고 갈 수 있는 부서가 아니었다. 과장이 인사담당을 만나 특별히 부탁했다고 들었다. 어느 날 계장이 은행대리를 불러 뭐라고 한마디 하자, 그 즉시 신용대출을 해주었다. 그래서 변상금을 일시에 갚았다.

그러나 늘어나는 빚 앞에 속수무책이었다. 나는 어찌할 바를 몰랐고, 사태는 점점 더 악화되었다. 부동산에 손을 댔다가 손해를 보았고, 주식에 눈을 돌렸다가 또 손해를 봤다. 그 와중에 동료 직원이 내 인장을 도용해 사채까지 빌려 쓰고 갚지 않아 소송에 휘말렸다.

게다가 여직원 보증으로 봉급이 압류되었고, 1998년 경기북부 집중호우로 홍수 피해까지 입었다. 하우스 주인이 야반도주하여 마지막 남은 전세금까지 떼였다. 무허가 건물이라고 보상금도 나오지 않았다. 우리 가족은 실제로 거리에 나와 앉았다. 다행히 식구 4명과 강아지 1마리는 머리털 하나도 상하지 않았다. 우리가 새벽 3시에 나오고 5시에 비가 그쳤으니, 불과 2시간 만에 모든 것이 수마와 함께 사라졌다.

그 전에 신도시 터미널 상가와 강원도 스키장 사업에 투자했다가 실패했다. 눈덩이처럼 불어난 빚 앞에 더 이상 어찌할 방도가 없었다. 화정동 아파트를 팔아 급한 빚을 갚고 고양시 벽제로 이사했다. 그런데 그마저 우리를 외면했던 것이다. 이로써 내 주변에 있는 모든 강물이 바싹 마른 징조는 어김없이 이루어졌다.

그리고 얼마 후, 아버지 소유의 마지막 땅을 팔아 식당을 차렸다. 하지만 IMF 사태로 그마저 망하고 말았다. 가게를 내놓았으나 나가질 않아 정릉동 구옥과 교환했더니, 은행 융자금에도 미치지 못했다. 이것저것 온갖 수단과 방법을 다해보았으나, 사태는 점점 더 악화되어 우리 가족은 공황 상태에 빠졌다. 결국 가정이 깨지고 떠돌이 신세가 되었다.

이는 사탄이 설계한 망할 기적이었다. 이 세상 모든 것이 나를 외면하고 돌아섰다. 내 일이 모두 저주 아래 놓여있었다.

"우리도 전에는 그들과 같이 육체의 욕심대로 살며, 육신과 마음이 원하는 대로 행하여, 다른 사람들과 마찬가지로 태어날 때부터 하나님의 진노를 살 수밖에 없었습니다." (에베소서 2. 3)

그러나 나는 마지막 희망인 믿음의 끈만은 놓지 않았다.

"이쯤 되면 '하나님은 죽었다!'고 선포할 때가 되지 않았니?"

원수가 이렇게 부추기는 듯했다. 그때 나는 하나님께서 반드시 회복시켜 주실 것이라는 믿음의 오기를 부렸다.

2003년 12월 31일 현재, 내 빚은 1억 8,790만 원이다. 농협비씨카드 1,297만, 제일비씨카드 566만, 국민비씨카드 1,562만, 기업비씨카드 839만, 조흥비씨카드 1,140만, 삼성카드 1,219만, 엘지카드 641만, 국민비자카드 1,210만으로 카드빚이 8,474만 원이고, 국민은행 2,772만, 기업은행 494만, 새마을금고 3,500만으로 금융기관 빚이 6,766만 원이며, 개인차용이 3,550만 원이다.

"피차 사랑의 빚 외에는 아무에게든지 아무 빚도 지지 마라." (로마서 13. 8)

018. 일터

1970년 5월 초 퇴원하여 잠시 쉬다가 복학했다. 모든 것이 예전과 같지 않았다. 자전거 통학을 그만두고 읍내에서 자취를 시작했다. 할머니가 우리 형제의 뒷바라지를 했다. 열심히 공부해서 그동안 배우지 못한 과정을 따라가려고 했다. 교과서와 참고서를 쭉 훑어보니 그리 양이 많지 않았다. 새 마음으로 다시 시작했다. 하지만 잠시였다.

나는 은연중 수렁에 빠져들고 있었다. 사춘기의 호기심을 극복하지 못하고 타락일로를 걸었다. 그해 겨울, 학교에 납부할 공납금을 가지고 친구 2명과 함께 서울로 갔다. 청량리역에 내리자마자 깡패들에게 끌려갔다. 어두컴컴한 골목길 쓰레기장 옆에서 뭇매를 맞고 돈을 다 빼앗겼다.

깡패들은 돈을 빼앗아 황급히 골목길로 사라졌다. 같이 갔던 친구들에게 미안했다. 나 때문에 그들도 함께 끌려가 맞았기 때문이다. 언젠가 그들을 만났더니, 그때 기억을 고스란히 간직하고 있었다.

나는 장애가 어떤 것인지 몰라 사회에 적응하지 못했고, 스스로 위험천만한 길을 걸었다. 그렇게 돈이 털린 우리는 청량리역 대합실에서 날이 새기를 기다렸다. 우리가 찾아갈 곳은 직업소개소밖에 없었다. 그때부터 파란만장한 인생 드라마가 시작되었다.

처음으로 답십리 봉제공장에 들어갔으나 1주일인가 2주일 만에 나왔다. 보문동 주유소로 갔으나 3일 만에 쫓겨났다. 종암동 피혁공장에 들어가 얼마간 일하다가, 쇠막대를 깎아 차량 안테나 봉을 만드는 노꼬루 공장으로 옮겼다. 이후 사근동 자개공장과 용두동 목공예를 거쳐 상계동 공예사로 갔다.

아침 일찍 일어나 세수하고 식사한 뒤, 바로 일을 시작해 밤 10시에 끝났다. 오전 10분과 오후 10분, 점심시간 외에는 쉬는 시간이 없었다. 휴일은 한 달에 하루였다. 생산품은 주로 휴지걸이였다. 이익금은 적고 경쟁사가 많아 그럴 수밖에 없다고 했다.

그때 온종일 라디오를 틀어놓고 일했다. 연속극과 대중가요를 많이 들었다.

"우리가 여러분에게 명한 것처럼 조용한 생활을 하고, 남의 일에 간섭하지 말며, 손수 일하도록 하십시오." (데살로니가전서 4. 11)

어느 주일 저녁, 마침 쉬는 날이었다. 상계동 10번 버스 종점에 있는 교회로 나가 안이숙 여사의 『죽으면 죽으리라』라는 영화를 보았다. 그리고 다음날 오후, 10분간의 휴식시간이었다. 공장 앞에 있는 산으로 올라가 어제 갔던 교회당 십자가를 하염없이 바라보았다. 나도 모르게 눈물이 주르르 흘러내렸다. 집에 돌아가고 싶은 생각이 굴뚝같았다. 마침 추석을 며칠 앞둔 때였다. 귀향했다가 돌아가지 않았다.

그리고 한참 지나서, 아버지 친구의 소개로 칠곡에 있는 붕대공장으로 갔다. 가는 고무줄이 들어간 붕대를 짰다. 지혈시키는 데 사용한다고 했다. 기사 가족과, 귀가 약간 어두운 남자아이, 초등학교를 갓 졸업한 여자애, 17살가량 되는 아가씨가 일하고 있었다.

사장은 상이군인으로 양손이 없었다. 양팔에 갈고리를 끼고 바지는 항상 군복을 입었다. 그런데 담배를 즐겨 피웠다. 갈고리로 담배를 꺼내 물고 라이터로 불을 붙여달라고 했다. 베트남 전쟁에서 다쳤다고 들었다. 그는 항상 시내버스를 타고 다녔으나 차비는 내지 않았다. 입에 볼펜을 물고 하루도 빠짐없이 일기를 썼다. 구불구불한 글씨가 일본어처럼 보였다.

그가 이르기를, 기사가 하는 일을 보면서 잘 배우라고 했다. 그러면 기사를 내보낼 것이라고 했다. 그리고 실타래의 숫자와 재고를 파악하여 매일 기록했다. 나는 공장 안에서 귀 어두운 친구와 자취를 하면서 시키는 대로 했다.

그러던 어느 날, 실타래 재고에 차이가 생긴 것이 발견되었다. 먼저 기사에게 그 사실을 알렸다. 기사가 얼굴을 붉히며 자기 집에서 저녁이나 먹자고 했다. 그는 부인과 자녀 둘이 있었고, 공장 안에서 살림을 했다.

"그 실이 어디 갔겠나? 하늘로 올라갔겠나, 땅으로 내려갔겠나? 안 그런가?"

나는 사장이 귀띔해준 말을 들은 게 있어 가만히 있었다. 아무튼 그날 이후 실타래 재고에 이상이 없었다. 우리가 짠 붕대는 대구 동산병원으로 납품되었다. 병원 바로 옆 골목길에 사장의 집이 있었고, 나는 화물용 자전거로 붕대를 배달했다. 철길도 건너야 했고, 시장도 지나야 했다. 도로 갓길로 다녔으나 항상 위험했다.

어느 날 찻길에서 넘어져 크게 당황했다. 무게는 없었으나 부피가 커서 바람이 불면 위험했다. 배달을 가면 사모님이 500원짜리 동전을 주었다. 그러다가 그곳도 그만두었다. 아침 일찍부터 밤늦게까지 일하는 것이 힘도 들었고, 비전이 없다고 생각했기 때문이다.

그 후 서울 종로3가에 있는 TV 학원을 다녔다. 6개월 과정을 마치고 정릉동 전파사에서 잠시 일하다가, 영등포 카라디오로 옮겼다. 하지만 그것도 취미가 없었다. 월급을 달라고 했더니 "네가 한 일이 뭔데?" 하면서 주인이 핀잔을 주었다. 거기서 나와 종로 비원 앞에서 포터블 라디오 조립공으로 몇 달 일했다.

그러다가 종묘공원 조성사업으로 건물이 철거되어 창신동 하청업체로 자리를 옮겼다. 지하 차고를 공장으로 사용했다. 여공 2명과 남공 3명이 있었다. 거기서도 포터블 라디오를 조립했다.

그리고 명동에 있는 사무실로 출근했다. 어떤 사람이 한국 최초로 유선 리모컨을 개발하여 영업사원을 통해 판매했다. 나는 그들이 판매한 리모컨을 집집마다 찾아다니며 설치해주었다.

매일 양복을 입고 도심지 사무실로 출근했다. 사원들이 나를 기사님이라고 하며 깍듯이 예우했다. 처음으로 이태원에 있는 한옥을 찾아가 리모컨을 설치해주었다. 집주인이 자리에 누워서 TV를 보고 끌 수 있어 너무 좋다고 했다. 그는 몸이 불편한 사람이었다. 하지만 얼마 안 되어 무선 리모컨이 나와 사무실 문을 닫았다.

이후 용두동 목공에 공장에서 일했다. 대머리 사장은 한국 목공에 최고 권위자로서 인자한 분이었다. 본사에서 재료를 받아 조각하여 납품하는 하청업체였다. 그때 공장 앞에 지하철 공사가 한창이었다. 공사장 소음에 하루 종일 시달렸다.

그리고 친구의 소개로 무교동 어느 지하 술집에서 며칠간 설거지도 했다. 낮에는 잠을 자고 밤에만 일했다. 새벽까지 주방에서 접시를 닦았다. 얼마 후 밖으로 나가 보니 눈이 부셨다.

그 후에도 이것저것 닥치는 대로 일을 더 해보았으나 모든 것이 적성에 맞지 않았다.

"썩어 없어질 양식을 위해 일하지 말고, 영생에 이르게 하는 양식을 위해 일하라. 인자가 너희에게 이 양식을 줄 것이다. 아버지 하나님께서 인자

를 인정하셨기 때문이다." (요한복음 6. 27)

그리고 얼마간 자숙의 시간을 거쳐서, 서울법과대학이라는 곳에서 청운의 꿈을 품고 다시 공부하기 시작했다. 서울대 교수가 대학로에 설립한 학교였으나 서울대학교와는 관계가 없었다. 당시 법전은 물론이고 모든 책이 한문으로 쓰여 있었다. 한문도 익히고 법률용어도 어느 정도 깨우쳐 한참 재미를 붙여 공부할 때였다.

어느 날 소책자 1권이 배달되었다. 유신헌법이었다. 유신헌법으로 다시 공부하라고 했다. 헌법 같지가 않고 권위도 없어 보였다. 그냥 한번 쭉 읽어보고 패대기쳐버렸다. 어린 내가 보아도 독재자가 장기집권을 위해 급조한 법이라는 사실을 알 수 있었다. 그때 데모가 한창이었다. 공부할 기분이 싹 가셔버렸다.

그리고 공무원시험 공부를 하다가, 1979년 4월 시험에 응시해 합격했다. 장애인이 공무원으로 임용되는 일이 그리 쉽지 않았다. 특히 국방부는 더욱 그랬다. 그럼에도 나는 불행인지 다행인지, 3차 면접까지 통과해 근무하게 되었고, 후암동 계란장수 집에서 하숙을 시작했다.

약 30명이 함께 하숙했다. 모두 직장인이었다. 은행원, 공무원, 회사원, 교사 등이었다. 2인 1실로서 내 룸메이트는 초등학교 선생님이었다. 그렇게 시작한 공직생활을 2000년 6월까지 20년간 하고 명예퇴직을 했다.

그 후 강남에 있는 정수기 회사의 외판원으로 들어갔다. 사원들이 무척 많았다. 새벽에 출근하여 1시간 정도 교육받고 정수기를 팔러 나갔다. 어떤 사람은 사업에 실패하고 거기 들어와 팔자를 고쳤다고 했다. 하지만 나는 우리 집에만 1개 팔고 그만두었다. 내 적성에 도저히 맞지 않았다.

그리고 방학동 중개회사에 며칠 나가다가, 강남역 투자회사를 거쳐 논현동 기획부동산에 들어가 2주 다녔다. 그들에게 산 땅을 그들을 통해 도로

팔 수 있지 않을까 하는 생각으로 들어갔으나, 말도 한마디 못 붙이고 그 만두었다.

그러다가 2001년 4월, 고용촉진공단의 추천으로 장애인협회에 들어가 2001년 9월까지 6개월간 근무한 뒤, 복지관으로 자리를 옮겨 2002년 9월 까지 1년간 근무하고 퇴직했다. 우연히 알게 된 장애인신문사 기자의 도움 이 컸다.

그즈음, 나는 자양동 고시원을 거쳐 수유역 여관 옥탑방에 살다가 쌍문 동 본가로 들어갔다. 막냇동생의 결혼일자가 잡히고 본가에서 신혼살림을 시작한다고 했다. 그래서 2002년 10월 17일, 일산 오피스텔로 이사했다.

일산에서 공매나 경매 등으로 100만 원 안팎의 작은 땅을 사서 약간의 이문을 붙여 되파는 일을 시작했다. 내가 할 수 있는 유일한 사업이었다. 그러고 보니 그 일을 시작한 지도 벌써 1년이 지났다.

"보십시오, 우리는 인내하는 사람이 복되다고 생각합니다. 여러분이 욥 의 인내를 들었고, 주님이 허락하신 결말도 보았습니다. 주님은 자비와 긍 휼이 풍성한 분이십니다." (야고보서 5. 11)

019. 시름

1979년 10월부터 후암동에서 하숙을 하다가, 1980년 봄에 신림동으로 이사하여 자취를 시작했다. 1982년 미아동으로 이사하여 여동생들과 잠시 살다가, 1983년 결혼하여 정릉동 사글셋방에서 신혼살림을 차렸다. 1985년 후암동 직원아파트로 들어가 5년을 살고, 1990년 상계동 임대아파트에서 다시 5년을 살았다. 1995년 고양시 화정동 아파트를 분양받아 입주했다.

화정에서 어느 날 전화를 받았다. 신도시 터미널 상가에 투자하면 큰돈을 벌 수 있다고 했다. 마침 쉬는 날이었고, 현장이 우리 집에서 빤히 보이는 곳이라 즉시 가보았다. 어쩌면 모든 빚을 갚을 수 있다는 생각이 들었다.

귀가 얇은 것이 화근이고, 부질없는 욕심이 고생의 씨앗이었다. 아파트를 담보로 추가대출을 받아 상가에 투자했더니 시행사가 파산했고, 그 손해를 복구해준다고 해서 다시 스키장 사업에 투자했다가 더 큰 낭패를 보았다. 아파트 값이 계속 올라 서너 차례 추가대출이 가능했는데, 그게 오히려 아파트만 날리는 꼴이 되었다.

지긋지긋한 빚을 갚고 남들처럼 떳떳하게 살아보려고 여기저기 손을 대었으나 모든 것이 저주 아래 있었다. 그러면 그럴수록 빚은 더욱 덩치를 키웠다. 정말 눈덩이처럼 커진 빚 앞에 속수무책이었다.

1997년 결국은 화정동 아파트를 팔아 긴급한 빚을 갚고 벽제동 비닐하우스로 이사했다. 하지만 엎친 데 덮친 격으로, 1998년 8월 6일 쏟아진 경기 북부 집중호우로 마지막 희망마저 수마가 할퀴고 갔다. 살림살이와 꽃나무까지 유실되어 빈털터리가 되었다.

게다가 비닐하우스 주인까지 야반도주하여 전세금까지 고스란히 날아가고 말았다. 우리 가족은 개 1마리만 데리고 길거리로 나와 앉았다. 여관에서 잠을 자며 적십자에서 해주는 밥과 라면으로 끼니를 때웠다.

그러다가 공릉동 관사아파트로 들어갔다. 직장에서 특별히 배려해주었다. 이사 후 정신을 차리고 사무실에 나가보니, 설상가상으로 봉급이 압류되어 있었다. IMF 사태로 여직원에게 보증을 섰던 게 터진 것이다.

호구지책으로 아버지의 마지막 땅을 주고 월계동 식당과 교환했다. 하지만 IMF 여파로 그마저 장사가 되지 않았다. 자매의 불평불만은 날이 갈수록 높아졌고, 가게를 내놓았으나 나갈 기미가 없었다. 융자금을 떠안는 조건으로 정릉동 구옥과 다시 교환했다. 그런데 알고 보니 융자금에도 미치지 않는 깡통주택이었다.

2000년 6월 공직생활을 그만두었다. 공릉동 아파트를 비워주고 우이동 빌라로 이사했다. 그리고 이혼한 뒤 고시원과 여관방을 전전하다가, 2001년 쌍문동 본가로 들어가 1년 남짓 살았다.

2001년 9월, 복지관 일을 그만두고 일산 오피스텔로 이사했다. 어머니는 아버지가 살고 있는 청송으로 내려갔다. 막냇동생이 결혼하여 본가에서 신혼살림을 차렸기 때문이다. 마침 내가 이사할 오피스텔에 살던 아가씨가 결혼하여 세간을 무상으로 넘겨받았다.

일산으로 이사하여 공매로 작은 땅을 사서 되파는 일을 시작했다. 사귀던 자매가 책상과 책장, 옷장 등을 갖다 줘서 제법 사무실다운 면모를 갖췄다. 그리고 세무서와 자산관리공사, 법원 등을 돌아다니며 열심히 일했다. 어느 때는 새벽 2시에 일어나 무박 2일로 완도를 다녀오기도 했다. 자매가 용기를 북돋아줘서 큰 힘이 되었다.

그렇게 작은 땅을 하나씩 사고팔 때마다 푼돈은 벌었으나, 가끔씩 큰 손해를 봐서 여전히 어려웠다. 부질없는 욕심과 빚이라는 사슬의 고리는 끝이 없었다. 2003년 5월 5일 신도시로 이사하여 일을 계속했으나, 내 중년의 시름은 더욱 깊어만 갔다. (2002. 1. 4)

"당신은 하나님께 죄를 고백하면서, 다시는 죄를 짓지 않겠다고 약속한 적이 있습니까? 잘못이 무엇인지 일러달라고 하면서, 다시는 악한 짓을 하지 않겠다고 약속한 적이 있습니까?" _(욥기 34. 31-32)

020. 인 치심

1980년 어느 따스한 봄날, 신림동 산마루에 있는 연립주택으로 이사했다. 안방과 복도, 좁은 부엌, 화장실 옆의 구석방이 전부였다. 전체가 10평쯤 되었다. 1.4 후퇴 때 혈혈단신으로 남하한 할아버지가 재혼한 부인과 살고 있었다. 할아버지는 70대 초반, 할머니는 50대 중반으로 권사님이었다. 구석방은 그들 사이에서 태어난 아들이 사용하다가 입대하여 세를 놓은 것이었다.

그러니까 그해 초여름이었다. 연립주택 바로 옆에 교회당이 있었다. 산자락에 위치하여 위쪽은 산이었다. 나는 신림동으로 이사한 뒤에도 정릉에 있는 교회에 다니고 있었다. 새벽예배만 그 교회에서 드렸다.

예배시간은 5시였다. 주로 목사님 내외분과 권사님, 그리고 가끔씩 한 자매가 나왔다. 권사님은 날마다 내 방문을 두드리며 깨워주었다. 간혹 목사님 내외분이 일어나지 않을 때도 있었으나, 권사님이 문을 두드려 깨웠다.

나는 새벽예배를 드린 뒤 습관적으로 산비탈 오솔길을 따라 정상에 올라갔다가 내려왔다. 오솔길 옆으로 산동네 사람들이 부치는 올망졸망한

밭이 있었고, 다양한 채소가 심겨 있었다. 산꼭대기에 서너 가지 운동기구가 있었고, 어둑새벽부터 사람들이 올라와 운동을 했다.

그들은 서편의 넓은 길로 다녔고, 나는 교회가 있는 동편의 오솔길로 다녔다. 산 중턱에 한 사람이 겨우 앉아 쉴만한 너럭바위가 있었다. 산에서 내려오다가 그 바위에 앉아 동녘 하늘의 여명을 맞이하곤 했다.

그러던 어느 날, 평소와 같이 너럭바위에 앉아 동녘 하늘을 바라보고 있었다. 그날따라 하늘은 회색빛이 짙게 깔려 수채화를 보는 듯했다. 그때 산과 하늘이 맞닿은 지평선 너머에서 하늘이 날카롭게 찢어지기 시작했다. 엄청난 굉음을 내면서 번개가 치듯이 지그재그로 갈라졌다.

그러자 어두침침한 회색 하늘 속에서 맑고 파란 새 하늘이 나타났다. 티하나 없이 푸르고 싱그러운 속 하늘이 드러났다. 순간 이상야릇한 기분에 휩싸여 넋을 잃고 쳐다보았다. 황홀한 기분에 도취하여 그 하늘 속으로 들어가 있는 듯했다.

그런데 그 새 하늘이 다시 쪼개지기 시작했다. 다이아몬드보다 더 강한 하늘이 무슨 강력한 힘에 의해 강제로 깨어지는 듯했다. 그때 여기저기서 강력한 스파크가 일어났고, 다이너마이트가 터지듯 큰 폭음을 내면서 섬광이 번쩍번쩍 발했다. 어디선가 다가온 무한한 힘으로 난공불락의 막이 부서지고 꺼풀이 벗겨지는 듯했다.

그러자 파란 하늘 속에서 새하얀 속 하늘이 또 나타났다. 어디서도 가히 볼 수가 없고, 드러낼 수도 없는 신령한 기운이 가득한 새 하늘이었다. 성화 속의 수정 바다와 유리 거울을 보는 듯했다. 이 3번째 하늘에 비해 2번째 하늘을 생각하니 너무 갑갑했고, 2번째 하늘에 비해 평소 하늘을 생각하니 지옥처럼 느껴졌다. 3번째 하늘에 신령한 분이 계시는 듯했다.

그렇게 드러난 3번째 하늘에서, 전기로 용접할 때 나오는 새파란 불줄기

같은, 아니 그보다 수만 배나 더 강렬한 푸른빛이 번개보다 빠른 속도로 튀어나와 내 눈썹과 눈썹 사이, 양미간 위쪽 이마에 쑥 들어가 박혔다. 순간 온몸이 파르르 떨리면서 전율이 일어났다. 벼락을 맞은 것 같기도 하고, 고압에 감전된 것 같기도 했다.

그리고 얼마 후, 나는 교회당 마당에서 어떤 사람의 무동을 타고 조금 전에 보았던 동쪽 하늘을 바라보고 있었다. 평소에 보았던 회색빛 하늘 그대로였다. 너무 침침하고 답답해서 숨이 꽉 막힐 듯했다.

매일같이 바라본 하늘 그대로였으나, 2번째 하늘과 3번째 하늘을 생각할 때, 정말 숨을 쉴 수 없을 정도로 갑갑했다. 어떻게 할 수만 있다면, 모든 것을 그대로 두고 당장 그 하늘 속으로 들어가고 싶었다. 이 갑갑한 하늘 아래 머물고 싶은 생각이 추호도 없었다. 하지만 모든 것이 일순간 일어나고 지나갔던 바, 그저 몽롱하고 아련할 뿐이었다.

얼마의 시간이 지났는지, 싸늘한 한기를 느끼고 여기저기 몸을 만져보았다. 전신에 진땀이 솟구쳐 속옷이 흥건하게 젖어있었다. 정신을 차리고 주변을 살펴보니 내 자취방이었다. 그때 나는 출입문 앞에서 새우처럼 쪼그리고 누워있었다.

내가 본 것이 실제로 일어난 일인지, 아니면 환상을 보았거나 꿈을 꾸었는지 가늠할 수가 없었다. 하지만 나는 그 사실을 확인해보려고 애쓰거나 노력하지 않았다. 너무나 값지고 소중한 체험이라서 그대로 고이 간직하고 싶었다.

언젠가 술을 마신 기억은 있으나 집에 돌아온 기억은 없었다. 아침에 일어나 보니 내 방에 누워 있었다. 흔히 하는 말대로 필름이 끊겼던 것이다. 그러나 이번 일은 너무나 생생하고 온몸으로 느꼈다. 나는 평소 창가에서 이불을 덮고 잤다. 그런데 출입구 쪽에서 쪼그리고 누워 있었다는 사실은,

단순히 잠을 자면서 본 환상이나 꿈이 아니라는 증거일 수 있다.

그리고 상당한 시간이 지나서, 이 간증을 들은 목사님이 성령의 불로 인치심을 받은 것이라고 일러주었다. 불을 이마에 받은 것은 지혜를 받은 것이며, 손이나 발, 가슴에 받는 사람도 있다고 했다. 그렇다면 하나님께서 내게 지혜를 주셨다는 의미가 아닌가? 하지만 나는 그 은혜를 모르고 살았다. 무슨 지혜를 받았는지 지금도 의문이다.

"나는 너희를 회개시키려고 물로 세례를 준다. 그러나 내 뒤에 오시는 분은 나보다 능력이 많으시다. 나는 그분의 신발을 들고 다닐 자격도 없다. 그분은 너희에게 성령과 불로 세례를 주실 것이며, 자기 타작 마당에서 모든 곡식을 키질하여 알곡은 모아 곳간에 들이고, 쭉정이는 꺼지지 않는 불에 태우실 것이다." (마태복음 3. 11-12)

021. 소금언약

하나님과 맺은 소금언약은, 영원히 변하지 않고 깨어지지 않는 확고부동한 계약이다.

제1조 주초커피 청산 (酒草커피 淸算)

제2조 새벽기도 준행 (새벽祈禱 準行)

제3조 요한복음 암송 (요한福音 暗誦)

제4조 엘림동산 조성 (엘림東山 造成)

제5조 십의이조 실천 (十의二條 實踐)

이는 1990년대 어느 날 작성하여 수차례 다듬고 수정한 뒤, 평생 동안 지키려고 부단히 애썼다. 통근버스를 타고 다니며 야고보서를 암송한 후, 요한복음도 암송하려고 시도했으나 결국은 뜻을 이루지 못했다.

이제 세상만사 다 실패했다. 모든 것을 내려놓고 항복하자. 오직 예수 그리스도만 붙잡고 믿고 따라가자. 다른 것은 아무 의미가 없다. 오직 예수님뿐이다. (2004. 4. 15)

022. 아기사자

1992년 5월 초 어느 봄날 이른 새벽, 잠에서 깨어나 비몽사몽 간에 누워 있었다. 그때 주님의 음성이 생생하게 들렸다.

"이제는 네가 산 것이 아니다!"

나는 용수철에 튕기듯 공중으로 솟구쳤다가 거꾸로 떨어지면서 무릎을 꿇었다. 산 것인지 죽은 것인지 분간이 가지 않았다. 한동안 멍하니 그대로 있었다. 지난날 내 행실이 일순간 뇌리를 스치며 주마등처럼 지나갔다. 순간 눈물이 주르르 흘러내렸다. 간절한 회개가 시작되었다.

상계동 아파트 복도 쪽 작은 방에서 있었던 일이다. 이후 시를 지어 시험이 다가올 때마다 외우곤 했다. 이를 암송할 때마다 주님이 함께하셨다.

"오, 주 예수여!

나의 하나님이시여, 나의 모든 것이여!

1992년 5월 초 어느 봄날 이른 새벽에,

'이제는 네가 산 것이 아니다!' 라는 주님의 음성을 듣고 나는 죽었습니다.

그런즉 이제는 내가 산 것이 아니요, 오직 내 안에 그리스도께서 사신 것입니다."

아기사자(我旣死者) 예수내주(예수 來駐)!

아기사자(我旣死者) 예수내주(예수 內住)!

아기사자(我旣死者) 예수내주(예수 내主)!

"죽은 사람들 가운데서 예수님을 다시 살리신 분의 영이 여러분 안에 계시면, 그리스도를 살리신 그분이 여러분 안에 계시는 성령님을 통해 여러분의 죽을 몸도 살리실 것입니다." (로마서 8. 11)

"여러분은 자신이 믿음 안에 있는지 스스로 살피고 점검하십시오. 예수 그리스도께서 여러분 안에 계신다는 사실을 모르십니까? 모르면 실격자입니다." (고린도후서 13. 5)

"이미 죽은 자가 무슨 생각이 있으리오.

이미 죽은 자가 무슨 말이 있으리오.

이미 죽은 자가 무슨 힘이 있으리오.

이미 죽은 자가 무슨 돈이 있으리오."

무심 무언 무능 무전(無心無言無能無錢)!

"내가 그리스도와 함께 십자가에 못 박혀 죽었으니, 이제는 내가 산 것이 아니라 내 안에 그리스도께서 사신 것입니다. 지금 내가 육신 안에 사는 것은, 나를 사랑하시고 나를 위해 죽으신 하나님의 아들을 믿는 믿음으로 사는 것입니다." (갈라디아서 2. 20)

023. 주의 길

"주의 길을 가려고 길을 나섰더니,
가는 길 바로 앞에 큰 산이 막힌지라.
멈칫멈칫하다가 산기슭을 바라보니,
준수한 말 두세 필이 준비되어 있는지라.
'그래, 저 말을 타고 산을 넘자!' 하면서
기쁜 마음으로 다가가 말고삐를 잡았더니,
말은 말없이 순응하였도다."

1992년 어느 날 새벽이었다. 주님의 부르심을 받고 무작정 길을 나섰다. 가다가 보니 태산준령이 앞을 가로막았다. 꼭대기는 가히 하늘에 닿은 듯했고, 나는 도저히 오를 수 없을 것 같았다. 이미 지칠 대로 지쳐서 모든 것을 포기하고 돌아서려고 했다. 그때 산기슭 나무 그늘 아래 말 3마리가 한가로이 쉬고 있었다. 그중에 하나는 어린 새끼였다.

그러나 3마리 모두 털이 반지르르한 것이 매우 건강하게 보였다. 먼 길을 힘들게 걸어온 나는 구세주를 만난 듯했다. 조용히 다가가 말고삐를 잡았다. 마치 나를 기다리고 있었다는 듯 선뜻 따라나섰다. 그래서 다시 용기를 내어 산을 오르기 시작했다.

"이는 예언자 이사야의 책에 기록된 바와 같다. 광야에서 외치는 소리가 있다. 주의 길을 예비하라. 그분의 길을 곧게 하라. 모든 골짜기는 메워지고, 모든 산과 언덕은 낮아지며, 굽은 길은 곧아지고, 험한 길은 평탄해질 것이다. 그리고 모든 사람이 하나님의 구원을 보게 될 것이다." (이사야 40. 3-5, 누가복음 3. 4-6)

024. 가훈

1992년 9월쯤, 여름방학이 끝나고 막 개학을 했을 때로 기억된다. 딸애가 가훈을 적어오라는 숙제를 받아왔다. 그래서 이렇게 일러주었다.
"섭리에 순응하고, 이웃을 이해하며, 자신에 순수하자."

하지만 이를 실천하기란 결코 쉬운 일이 아니다. 이제까지 나는 하나님의 섭리에 순응하지 못했고, 이웃을 이해하지 못했고, 자신에 순수하지 못했다. 하지만 가끔씩 내 스스로 해결하기 어려운 문제에 부딪힐 때, "그래,

섭리에 순응하자!"라고 했더니 주님의 평화가 찾아왔고, 가끔씩 이웃이 나를 힘들게 할 때, "그래, 이웃을 이해하자!" 라고 했더니 이웃의 허물이 예전의 내 허물로 다가와 이해하게 되었다.

그런데 "자신에 순수하자!"라는 가훈은 내 스스로 어쩔 도리가 없었다. 이제까지 나는 한 번도 순수한 적이 없었다. 언젠가 '생각의 아들'에게 "자신에 순수하자!" 라고 했더니, 내 자신의 부끄러운 모습이 적나라하게 드러나 무척 민망했다.

사람의 교훈이 대부분 그렇듯이, 내가 만든 이 가훈 역시 내 의지로 실천하기 어려웠다. 하지만 주님이 함께하시면, 이런저런 일로부터 우리의 몸과 마음을 지켜주는 하나의 방편이 될 것이다.

"그대가 이런 교훈을 형제들에게 잘 가르치면, 그리스도 예수님의 훌륭한 일꾼이 될 것이며, 그대 자신도 믿음의 말씀과 그대가 이제까지 지켜온 선한 교훈으로 양육을 받게 될 것입니다." (디모데전서 4. 6)

제3편

숙고의 시간

025. 길

1992년 초여름, 형편없이 망가진 나를 바라보면서 시름에 빠졌다가 주님의 영감을 받고 적은 글이다.

"무심결에 태어나 무지 중에 자랐소.
저주받은 인생이 방황하며 살았소.
은혜는 보았으나 구원받진 못했소.
깨닫고 돌아보니 상처만 깊어졌소.
모든 것을 버리고 떠나려 했더니
그제야 '길 예비하라!'고 하시네."

"그대는 나를 위해 숙소를 마련하십시오. 여러분의 기도로 내가 여러분에게 갈 수 있기를 바랍니다." (빌레몬서 1. 22)

026. 기적

1. 1970년 1월 24일 사고로 수차례 죽었다가 되살아난 일

2. 1980년대 초반, 오토바이를 타고 달리다가 브레이크가 말을 듣지 않아 트럭 꽁무니를 들이받을 순간, 오토바이가 옆으로 미끄러지면서 멈춰선 일

3. 1980년대 여름, 신작로에서 방위병과 싸우다가 낭떠러지로 떨어졌으나, 싸리나무에 걸려 목숨을 건진 일

4. 1990년대 어느 날, 과음으로 똥물까지 다 토하고 쓰러졌다가 의식을 되찾은 일

5. 1990년대 중반, 외발로 펄쩍펄쩍 뛰면서 화장실에 가다가 바닥에 쓰러져 한참 후 깨어난 일

6. 1998년 여름 홍수 때, 우리 식구 4명과 강아지 1마리가 수마로부터 건짐을 받은 일

7. 2000년 어느 날 새벽, 졸음운전을 하다가 눈을 떠보니, 내 차가 앞차 꽁무니에 멈춰 서 있었던 일

8. 2000년대 초반 겨울, 강원도 정선 산간 커브 길에서 차가 미끄러져 두세 차례 회전을 했으나, 도로 옆에 쌓인 눈으로 낭떠러지에 떨어지지 않은 일

9. 2000년대 중반 낙향하여 울진에 있을 때, 혈압이 갑자기 솟구쳐 왼쪽 종아리와 발바닥의 생살이 터져 피를 흘림으로써 혈압이 진정된 일

10. 이제까지 다리 저림 등의 치명적인 통증과 사투를 벌이면서 용케 버티고 견딘 일

11. 여태껏 큰 빚을 지고 살아오면서도 의식주만은 문제가 없었던 일

12. 얼마 전 어지럼증으로 응급실을 찾았을 때, 혈압이 240까지 올랐다가 떨어져 안정을 되찾은 일

이외도 주님의 신비로운 손길에 의한 기적이 숱하게 있었다. 어쩌면 내가 지금 살아있는 자체가 기적일 수 있다.

"우리의 도움이 천지를 지으신 여호와의 이름에 있다." (시편 124. 8)

027. 구제

우리가 추구하는 엘림동산의 엘림교회는, 감사함으로 순종하고 기도하는 교회요, 선교하고 구제하는 공의의 교회요, 순수하고 자유로운 평화의 교회다.

감사함으로 순종하고 기도하는 교회는 주님에 대한 우리의 본분이요, 선교하고 구제하는 공의의 교회는 이웃에 대한 우리의 책임이요, 순수하고 자유로운 평화의 교회는 우리에 대한 우리의 의무다.

언제부턴가 십의 이조로 구제하고 있다. 처음에는 5만 원짜리 봉투를 프린트하여 가지고 다니다가, 대상자나 단체가 있을 경우 즉시 전달했다.

"엘림동산의 엘림교회가 예수 그리스도의 이름으로 이 성금을 드립니다."

그러나 5만 원짜리 봉투는 이미 오래전에 중단되었다. 대신 천 원짜리와 만 원짜리 신권 5만 원가량을 가지고 다니며, 사정에 따라 수시로 구제하고 있다. 자동이체에 의한 구제도 했으나 5년을 채 넘기지 못했다.

"네 구제를 은밀하게 하라. 은밀한 일도 보시는 네 아버지께서 갚아주실 것이다." (마태복음 6. 4)

028. 그릇

식물은 동물의 먹이가 되고, 동물은 다른 동물의 먹이가 된다. 사람은 어떤가? 사람은 그 무엇의 먹이가 되려고 존재하지 않는다. 그렇다면 우리는 왜 태어나고 살아가는가? 하나님께서 노아와 그 아들들에게 복을 주시며 말씀하셨다.

"생육하고 번성하여 땅에 충만하여라." (창세기 9. 1)

성경은 생육하고 번성하여 땅에 충만하라고 한다. 하지만 단순히 그것만은 아니다. 그렇다면 일반 동물과 무엇이 다른가? 우리는 이렇게 말할 수 있다. 사람은 하나님을 담는 그릇이다.

"하나님께서 우리를 이 그릇으로 만드셨으니, 유대인 가운데서만이 아니라 이방인 가운데서도 부르셨습니다." (로마서 9. 24)

우리는 그릇이다. 우리 자신의 그릇에 하나님을 담아야 한다.

"우리는 이 보물을 질그릇에 담고 있습니다. 이 엄청난 능력은 하나님에게서 나는 것이지, 우리에게서 나는 것이 아닙니다." (고린도후서 4. 7)

하나님께서 자신의 선하신 뜻에 따라 자기 모습대로 우리를 지으셨다. 우리의 그릇은 항상 깨끗해야 한다. 깨끗지 못한 그릇은 하나님을 담을 수 없다. 더러워진 그릇에 음식을 담아도 먹을 수 없다.

"그러므로 누구든지 이런 것에서 자기를 깨끗이 하면, 주인의 선한 일에 요긴하게 쓰이는 귀하고 거룩한 그릇이 됩니다." (디모데후서 2. 21)

우리가 하나님의 뜻대로 쓰임을 받든지 못 받든지, 그것을 알든지 모르든지, 우리는 하나의 그릇으로 지어져 세상에 태어났다. 우리가 무슨 그릇으로 지음을 받았든, 그 용도에 따라 제대로 쓰임을 받아야 한다. 그래야 우리의 정체성을 찾을 수 있다.

"토기장이가 진흙 한 덩이를 가지고 하나는 귀히 쓸 그릇을, 다른 하나는 막 쓸 그릇을 만들 권리가 없겠습니까?" (로마서 9. 21)

우리의 그릇이 종지라면 종지로서, 사발이면 사발로서, 양푼이면 양푼으로서 쓰임을 받아야 한다. 부질없는 욕심은 절대 금물이다. 그릇은 크기나 아름다움이 아니라 용도에 따라 쓰임을 받을 때 존귀해진다.

"주께서 말씀하셨다. '가거라! 그 사람은 내 이름을 이방인들과 임금들과 이스라엘 백성 앞에서 전할 내가 택한 나의 그릇이다." (사도행전 9. 15)

사람이 하나님의 뜻대로 쓰임을 받으면, 그것으로 착하고 충성된 종이 된다. 하지만 무슨 사정으로 자신의 역할을 제대로 감당하지 못하면, 그는 악하고 게으른 종이 된다.

"참 잘했다. 착하고 충성된 종아! 네가 작은 일에 충성했으니 이제 더 큰 일을 맡기겠다. 와서 네 주인의 기쁨을 함께 나누자!" (마태복음 25. 23)

우리는 누구나 태어난 이상 죽기 마련이다. 간혹 죽지 않고 들림 받는 경우도 있지만 누구나 심판을 받는다. 우리는 이것을 명심하고 살아야 한다.

"한번 죽는 것은 사람에게 정해진 일이요, 그 후에는 심판이 있습니다." (히브리서 9. 27)

그러므로 우리는 예수 그리스도를 믿고 하나님 아버지를 섬겨야 한다. 하나님의 뜻에 따라 하나님의 자녀로 살아야 한다. 아울러 날마다 죽어야 한다. 죽지 않고 거듭날 수 없으며, 거듭나지 않고 천국에 들어갈 수 없다.

우리의 삶과 죽음은 늘 함께하기 마련이다. 잠시 보이다가 어느 날 갑자기 사라지는 것이 우리의 인생이다. 보이는 지상의 삶은 잠깐이요, 보이지 않는 천국의 삶은 영원하다.

"나더러 '주님, 주님' 한다고 해서 다 천국에 들어가는 것이 아니라, 하늘

에 계신 내 아버지의 뜻대로 행하는 사람이라야 들어간다." (마태복음 7.21)

"미련한 사람이 똑똑해지기를 바라느니, 차라리 야생 나귀가 사람 낳기를 기다려라." (욥기 11. 12)

029. 하루

오늘 하루도 갑갑한 마음에 두 손을 잡고 간절히 기도했더니, 내 인생 뒤안길이 주마등처럼 뇌리를 스치며 아름다운 멜로디가 들렸다.

"오, 주여! 감사합니다. 골백번 죽어 마땅한 이 죄인을 기가 막힐 웅덩이에서 건져주셨습니다. 내 어찌 주님의 은혜를 모르고 시름에만 사로잡혀 있겠습니까? 모든 일을 합력시켜 선을 이루시는 주님의 역사를 외면하고, 부질없는 생각에 얽매여 있겠습니까? 오, 주여! 정녕 제가 주님을 모르고 살았습니다. 용서해주십시오."

아기사자 예수내주(我旣死者 예수內住)

무심무언 섭리순응(無心無言 攝理順應)

아생감사 주생사랑(我生感謝 主生사랑)

"나는 이미 죽은 자요, 주님이 내 안에 사신다. 아무 생각도 없이 말도 없이, 마냥 주님의 뜻에 따라야 한다. 내 살아있으니 감사드리고, 주 생명주시니

사랑하리라. 오늘도 주님의 이름으로 만유를 사랑합니다." (2005. 12. 23)

030. 오늘

오늘까지 정말 힘겹게 살아왔다. 빚의 압박이 시도 때도 없이 찾아와 내 숨통을 조였다. 어느 한순간도 편할 때가 없었다. 모든 것을 포기하고 싶을 때도 한두 번이 아니었다. 빚의 사슬로 탱탱 옭아맨 악마의 포승이 나를 옴짝달싹 못 하게 만들었다.

그러나 내가 힘들어할 때마다 주님이 찾아와 위로해주셨다. 어제 일은 잊고 오늘 일을 하라고 하셨다. 나는 한동안 이 슬로건을 외치며 새 힘을 얻었다.

"예수주의 오늘인생! 오늘주의 예수인생!"

"그러므로 내일 일을 걱정하지 마라. 내일 일은 내일 걱정할 것이요, 한 날 괴로움은 그 날로 족하다." (마태복음 6. 34)

031. 가시

2004년 3월 19일 야밤 1시, 매년 이맘때면 어김없이 찾아오는 불청객이 있다. 불치의 병인지, 사탄의 가시인지? 이 밤도 모질게 나를 고문하고 있다. 징그러운 저림과 몸서리쳐지는 떨림 속에서 밤을 지새우게 한다. 정말 지긋지긋한 악한이다.

이게 불치병이라는 사실을 알고 있는바, 사전에 약을 지어 냉장고에 보관하고 있다. 보험이 안 되는 약이 끼어 있어 약값도 만만찮다. 녹색, 핑크색, 노란색, 흰색 등 다양한 알약을 한입에 털어 넣고 자리에 누웠으나 진정될 기미가 없다. 어느 때는 이 통증이 1주일 이상 지속된 적도 있다. 그 무엇보다도 큰 고통은 졸리나 못 잔다는 것이다.

잠이 들려고 하면 기다렸다는 듯이 온몸을 뒤트는 전율, 고문도 이보다 더한 고문이 어디 있으랴! 고압선에 감전된 듯 찌르륵찌르륵 경련을 일으키며, 머리털부터 발끝까지 뒤틀리게 하는 저림, 정말 미쳐버릴 것 같다.

오래전 이 저림 때문에 동네 의원을 찾은 적이 있다. 그전까지는 원인조차 모르고 지냈다. 노(老) 의사가 말하기를, 절단수술을 할 때 신경을 제거하지 않아서 그렇다는 것이다. 한국전쟁 때 절단환자가 무수히 많았으나, 제대로 수술받지 못해 지금도 재수술하는 환자가 많다고 했다.

그러면서 나도 재수술을 받으라고 했다. 하지만 그럴 수가 없었다. 공직생활을 시작한 지 얼마 되지 않았기 때문이다. 그러니까 1980년대 초반으로 짐작된다. 그 후 재수술을 받았으면 하는 마음도 있었으나, 1년 동안 걷지 못한다고 하니 어찌하겠는가? 지금도 마찬가지다. 모진 짐을 지고 하루하루 살아가는 주제에 어찌 1년 동안 누워 지낼 수 있겠는가?

오늘 이 밤도 정말 고통스럽기 짝이 없다. 꺼풀만 남은 다리몽둥이가 정말 원망스럽다. 누가 이 괴로움을 알겠는가? 잠 못 이루는 이 처절한 밤을! 고압 전기로 인정사정없이 마구 지지고 또 지지는구나. 온몸을 뒤틀고 쥐어짜는구나.

이제 뱃속까지 매스껍고 토할 것 같다. 잠시 보이다가 안개와 같이 사라질 인생이 어찌 이다지도 힘들단 말인가? 내가 무슨 죄를 그다지도 많이 지었던가? 왜 이토록 다양한 고통이 끊임없이 찾아오는가?

"오! 주여, 정말 계십니까? 계신다면 어디 말씀이라도 한번 해보십시오! 이게 과연 당신의 뜻이란 말입니까? 이것이 정말 당신의 공의요, 사랑이란 말입니까? 어찌 이렇게 무관심하십니까? 제게 자비를 베풀어주십시오!"

나는 아비 노릇도 못하고 자식 노릇도 못하며, 늘 죄스러운 마음으로 살아가고 있다. 그런데 며칠 전 아들 담임선생님이 전화를 했다. 무슨 일인지 말하지는 않고, 다만 어머니의 전화번호만 가르쳐달라고 했다. 그래서 딸의 전화번호를 가르쳐주었다.

그리고 무슨 일이 있었는지 궁금하기도 하고, 죄스럽기도 하여 하루 종일 노심초사하며 지냈다. 부모와 자식을 떠나 홀로 살아가고 있지만, 이 한 몸 지탱하기도 정말 힘들구나. 이제 이빨마저 따닥따닥 부딪히며 뼈마디까지 투두둑거리며 뒤틀리는구나.

오, 이놈의 철천지원수 빚은 언제나 갚아질는지 정말 지긋지긋하다. 하지만 주님이 그렇게 하셨다면 어찌하겠는가? 나 스스로 어찌 이 고난에서 벗어날 수 있겠는가? 오직 주님만이 이 족쇄를 풀어줄 수 있는 것을!

"오, 아버지 하나님이시여! 야베스의 기도를 들으시고 그 고통과 슬픔을 벗겨주신 것처럼, 제게도 이 지긋지긋한 고통과 슬픔을 벗겨주소서."

"내가 받은 계시가 너무나 크고 놀라워, 주님이 나로 교만하지 않게 하시려고, 내 몸에 가시, 곧 나를 괴롭히는 사탄의 사자를 주셨습니다." (고린도후서 12. 7)

032. 자식

2004년 9월 25일 토요일, 추석 연휴가 시작되었다. 전화 1통이 없었다. 갑자기 기도하고 싶은 생각이 들어 기도원으로 올라갔다. 무덤 굴에 들어가니 오후 4시 15분이었다. 가지고 간 물병과 떡 몇 개를 옆에 두고 편하게 앉았다. 성경책 위에 14개 과제와 12가지 채무를 올려놓고 엎드려 아뢰기 시작했다. 불현듯 말씀이 다가왔다.

"가서 기름을 팔아 네 빚을 갚아라." (열왕기하 4. 7)

기도하다가 보니 어느덧 어둑어둑해지기 시작했다. 시간을 보니 6시 15분이었다. 2시간이 훌쩍 지났다. 자리를 정돈하고 소지품을 챙겨 식당으로 갔다. 다소 불긴 했으나 1,000원짜리 국수로 맛있게 저녁을 먹었다.

그리고 저녁예배를 드렸다. 옆에서 어떤 사람이 찢어지는 소리로 기도했다. 설교자를 비롯해 모든 사람이 쳐다보았다. 옆에 있던 자매들은 아예 자리를 옮겼다. 여기저기서 웃음소리가 터져 나왔다.

자세히 모르긴 하여도, 그는 성대의 기능을 상실한 듯했다. 무언가 다른 기관으로 소리를 질렀다. 낮은 소리를 내지 못한 그가 아예 입을 다물고 기도를 멈췄다. 목소리는 파열됐으나 그 갈급한 심정만은 이해할 수 있었다.

예배를 마치고 나올 때 어떤 사람이 내 차를 세웠다.

"정발산역!"

그는 아무 말 없이 정발산역까지 가서 내렸다. 그러고 보니 성대 없는 그 사람 같았다.

오피스텔 주차장으로 들어갈 때 전화가 왔다. 딸이 중국에서 막 도착했다는 소식이었다. 내일 점심 먹고 시골에 가기로 약속했다.

다음날 2004년 9월 26일 주일, 9시 예배를 드리고 이른 점심을 먹었다. 아이들을 만나 부모님이 있는 시골로 내려가기 위해서였다. 심한 정체로 오후 1시 반경 아이들이 있는 우이동에 도착했다.

집 앞에 차를 세우고 아이들에게 나오라고 전화했다. 한참 후에 딸만 나오고 아들은 나오지 않았다. 몇 차례 전화를 더 했으나 끝내 나오지 않았다. 결국은 시골에 가지 않겠다고 했다. 그렇다면 아비한테 와서 여차여차하여 시골에 못 가니 다녀오라고 인사라도 해야 할 게 아닌가? 괘씸한 생각이 들었다.

내 아무리 아비 노릇을 못해도, 방구석에 처박혀 코빼기도 보이지 않는 놈이 어디 있단 말인가? 울컥하는 분노를 참지 못하고 나오는 대로 욕을 하기 시작했다.

"이런 빌어먹을 새끼를 봤나? 야, 이놈아! 너는 아비도 없고 조상도 없냐? 배은망덕한 새끼 같으니! 이놈이 생각할수록 정말 싸가지 없네! 그렇게 살 바에는 차라리 혀라도 깨물고 뒈져버려라. 이 짐승만도 못한 새끼야!"

오래전 돌중이 찾아와 나를 저주한 생각이 났다. 그 앙갚음을 내가 아들에게 하는 게 아닌가 싶었다. 아직 어린놈이 무엇을 알겠는가마는, 어쩌면 나보다 더 심한 우울증이나 정신질환을 앓고 있을지 모른다는 생각이 들었다. 그 아이 옆에 있는 자매도 미워졌다. 명절이 되면 으레 아이들을 고향으로 보내야 도리가 아닌가?

휴대전화로 아이를 저주하고 일산으로 되돌아왔다. 온몸에 진땀이 주르륵 흘러내렸다. 그때 아버지한테서 전화가 왔다.

"지금 내려오고 있나?"

"아니요."

"그럼 언제 오나?"

"추석날 아침에 보고요."

"많이 바쁜 모양이지. 그러면 할 수 없지. 그런데 '꿀벌' 왔나?"

"예."

"데리고 오나?"

"예."

항상 벽에 붙여놓고 되뇌던 말씀이 있었다.

"아기사자 예수내주!"

그걸 보는 순간 나 자신이 역겨워 미칠 것 같았다. 처참하게 망가진 내 모습을 보고, 나 스스로 나를 죽이고 싶었다. 흥분된 마음이 쉽게 가라앉지 않았다.

"이 죽일 놈! 남들처럼 쉽게 뒈질 수도 없는 놈이! 미친놈의 자식! 정말 지랄하고 자빠졌어! 더럽고 추잡한 잡놈!"

이렇게 계속 나를 저주하자 진땀이 더욱 솟구쳤다. 그러다가 자리에 쓰러져 누웠다. 잠이 올 리 만무했다. 일어나 이리저리 배회하며 안절부절못하다가 10시가 넘어 딸에게 전화했다. 귀국할 때와 달리 한껏 기가 죽어있었다.

"깡이냐? 내일 점심 먹고 출발하자!"

"알았어."

"실루아노 좀 설득해봐라."

"알았어."

그제야 마음이 좀 편해졌다. 그리고 일어나 글을 쓰기 시작했다. 이제막 자정이 넘었다.

"내가 보아도 나는 정말 구제불능이야. 도저히 하나님을 섬기는 사람이라고 볼 수가 없어. 한갓 더러운 인간종일 뿐이야. 얼간이 망종!"

"너희를 핍박하는 자를 축복하고 저주하지 마라." (로마서 12. 14)

033. 회개

2004년 9월 27일 자정, 주변을 정리하고 잠자리에 들었다. 휘영청 밝은 한가위 보름달이 창밖에서 못난 나를 비추었다. 기도하고 싶은 생각이 내 영을 지배했다. 베개를 등에 대고 이불장에 기대어 성경책을 들었다. 간절한 회개가 줄줄 쏟아졌다.

"오, 아버지 하나님이시여! 제가 잘못했습니다. 정말 죽을 죄를 지었습니다. 너무너무 송구합니다. 제 자식에게 퍼부었던 저주를 제게 돌려주십시오. 제가 그 모든 저주를 받겠습니다. 이 부정하고 더러운 입술을 용서치

마십시오. 예수님의 이름으로 간절히 빕니다. 아멘."

그러자 마음이 한결 가벼워졌다. 그리고 다시 잠을 청했다.

"이와 같이 죄인 하나가 회개하면 하나님의 천사들이 기뻐한다." (누가복음 15. 10)

034. 천벌

2002년 10월 17일 일산으로 이사했다. 공매로 작은 땅을 사서 되파는 사업을 시작했다. 내가 할 수 있는 유일한 일이었고, 큰 부담 없이 밥은 먹고 살았다.

그러다가 2002년 12월 카드깡으로 2,000만 원을 마련하고, 스키장 부지 200평을 팔아 5,000만 원을 조달하고, 자매 명의로 3,500만 원을 차입하여 제법 큰 돈을 준비했다. 우선 급한 채무를 갚고 투자 범위를 확대했다.

처음에는 모든 것이 순조롭게 진행되는 듯했다. 그런데 다소간의 여유가 생기자 무리하게 베팅하게 되었다. 경험도 없고 사회 물정도 모르는 인간이 남의 말만 듣고 찍새(싼 물건을 사서 되파는 사람)가 되었다. 그러다가 정말 된통 찍힌 새가 되었다.

그해 10월 말, 공매로 구입한 임야에다 웃돈을 주고 공릉동 식당과 교환했다. 자매가 자기 언니를 소개하여 음식점을 시작했다. 하지만 반지하에 난방설비가 되지 않아 견적을 받아보니 장난이 아니었다.

아무리 생각해도 안 되겠다 싶어 도로 팔려고 지역신문에 광고를 냈다. 그리고 1주일간 지하실에 처박혀 기도했다.

"주여, 이 식당만 나가게 해주시면 술 파는 가게는 평생 쳐다보지도 않겠습니다."

이렇게 기도하며 주님께 약속했다. 그러자 즉시 응답이 왔다. 딱 1주일 만에 사람이 찾아와 그 자리에서 계약하고, 다음날 인계인수를 마쳤다. 그들은 지체 없이 수리에 들어가 24시 해장국집으로 바꿨다. 그래서 나는 성공적으로 가게를 넘기고 다시 일산으로 돌아왔다. 하지만 그 약속은 금세 잊어버렸다.

2003년 1월, 응암동 카페를 찍었다. 보증금 1,000만 원에 월세 40만 원이었다. 문을 닫은 지 꽤 오래되었다. 현금 1,200만 원과 공매로 구입한 임야를 주고 교환했다.

"그대는 고집이 세고 회개할 마음이 없기 때문에, 하나님의 공정한 심판이 나타날 진노의 날을 앞에 두고, 그대에게 임할 벌을 스스로 쌓고 있는 것입니다." (로마서 2. 5)

그리고 자매 언니의 명의로 카페를 인수한 뒤, 영업허가를 내고 사업자 등록까지 마쳤다. 시장에서 재료를 구입하고, 도매상을 불러 소주와 맥주를 들여놓았다. 카드단말기도 임대하여 영업을 위한 준비를 마쳤다.

돌아보면 그때부터 일이 자꾸 꼬이기 시작했다. 나는 미련 방퉁이가 되어 가진 돈을 다 까먹을 때까지 찍새 짓을 계속했다. 하지만 그게 하나님의 심판이라는 사실을 깨닫지 못했다. 내 스스로 하나님 앞에 한 약속을 까맣게 잊고 있었다.

커피호프 가게를 시작하자 IMF 시절보다 더 어려운 불경기가 밀어닥쳤다. 그 추운 겨울날, 자매의 언니는 가게에서 밤을 지새우며 기다렸으나 손님이 없었다. 더욱이 2월 초 한파가 기습하여 수도가 얼고 하수구까지 얼었다. 설거지도 할 수 없었다. 건물주에게 말했더니 해동할 때까지 기다리라고 했다. 하지만 그럴 수가 없었다. 업체를 불러 공사했더니 상당한 비용이 들어갔다.

또 넘겨준 임야에 문제가 생겼다. 한 등기필증에 2필지가 등재되어 있었다. 작은 필지는 2003년 2월 12일 카페와 교환하면서 확인서면으로 넘겨주었고, 큰 필지는 2월 21일 현금으로 매도하면서 등기필증으로 넘겨주었다.

그런데 나중에 산 사람이 등기를 먼저 하면서 2필지를 모두 이전했다. 그래서 카페와 교환한 임야를 되찾아줘야 했다. 적반하장으로 2필지를 이전한 사람이 오히려 배짱을 부렸다. 소유권을 돌려받을 때까지 가압류를 하는 등 상당한 어려움을 겪었다.

카페를 운영한 지 3개월 동안 인건비는 고사하고 월세와 공과금이 고스란히 들어갔다. 그래서 다시 웃돈 1,000만 원과 중개수수료 200만 원을 주고 갈현동 빌라와 교환했다. 카페를 처분하기 위한 수단이었으나, 더욱 깊은 수렁으로 빠져들었다.

그 빌라는 건물주가 1억에 전세를 놓되, 9,000만 원만 가져가고 1,000만 원을 돌려주는 조건이었다. 중개인이 꾸민 계략이었다. 곧 나갈 것이라는 전세가 도무지 나가지 않았다. 가게는 인계인수를 마쳤으나 전세가 나가지 않아 진퇴양난이었다.

그러자 그들은 전세 없이 융자금 7,000만 원을 안고, 2,000만 원을 추가로 부담하면 빌라를 넘겨주겠다고 했다. 하지만 나는 그럴 여유가 없었다. 빌라 시세도 그렇게 나가지 않았다. 잔금 지급 일자를 3개월 넘겨도 해결의 실마리가 보이지 않았다. 중개인과 건물주의 농간은 끝이 없었고, 나는 코뚜레에 잡혀 질질 끌려가는 소가 되었다.

그러다가 7월에 다시 갈현동 빌라와 제주도 주택을 교환했다. 역시 중개인이 책임지고 팔아준다는 조건이었다. 속고 또 속아도 나는 중개인의 제안에 선뜻 응할 수밖에 없었다. 이 일의 실마리는 중개인만이 풀 수 있다고 생각했기 때문이다.

결국은 빌라와 교환할 당시의 계약조건에 따라 돌려받을 1,000만 원을 포기하고, 다시 웃돈 1,000만 원과 중개수수료 200만 원을 주고 제주도 주택과 교환했다. 돌아온 탕자와 같이, 나는 알거지가 되어 아버지께 돌아갈 때까지 그 짓을 계속했다.

알고 보니 제주도 주택도 갈현동 빌라 주인의 것이었다. 등기는 하지 않았으나 그가 인수했다가 포기한 집이었다. 그런데 중개인이 노숙자를 앞세워 주인인 양 행세케 하여 내게 되팔았던 것이다. 사기였다. 참으로 어처구니없는 일이 계속되었다.

제주도 주택은 전 소유자의 융자금 3,000만 원과 이자뿐만 아니라 다른 채무가 포괄적으로 근저당되어 있었던바, 현 소유자인 빌라 주인이 그 내용을 알고 이전등기를 포기했던 것이다.

나는 그 사실도 모른 채 중개인의 말만 믿고, 웃돈과 수고비까지 착실히 주었다. 빌라 주인도 빌라가 분양되지 않자 궁여지책으로 중개인을 통해 그 주택과 교환했다가 낭패를 보았으며, 불경기로 집값까지 떨어지자 진상(進上)이 되었던 것이다.

또 가압류도 있었다. 그 집을 지어 분양한 건축주가 자기 앞으로 된 진입 도로를 분양받은 사람들에게 팔기 위해 얼마 전에 설정한 것이었다. 거기 똑같은 집이 12채 있었다. 나중에 알고 보니, 그것도 건축주와 빌라 주인, 중개인의 고차원적 작품이었다. 분양할 때부터 중개인이 개입하여, 나

같은 호구가 걸려들면 바가지를 씌울 속셈이었다. 실로 그 주택은 어리석은 자의 무덤이었다.

얼마 후 중개인이 말하기를, 건축주가 350만 원을 내야 가압류를 풀어준다고 하니, 나보고 200만 원만 부담하라고 했다. 나머지 150만 원은 자기가 대신 내겠다고 했다. 집으로 들어가는 도로 지분을 사는 것이니 당연히 매수인이 부담해야 하며, 그러면 땅이 늘어나 집값이 오른다고 꼬드겼다. 그래서 200만 원을 더 주었다.

나는 너무 깊숙이 빠져들어 헤어날 길이 없었다. 결국은 주님의 도움을 구할 수밖에 없었다. 그동안 나의 믿음은 사탄의 속임수였고, 그사이 벌어진 일은 악마의 사주였다. 상식적으로 도저히 이해할 수 없는 복종이 계속 요구되었다.

그리고 저당권을 승계하려고 은행에 갔더니, 채무자가 신용불량자여서 안 된다고 했다. 포괄근저당으로 설정되어 채무자의 카드대금 500만 원까지 갚으라고 했다. 게다가 집값이 떨어져 800만 원밖에 안 된다고 했다. 그야말로 엎친 데 덮친 격이었다. 정말 기가 막힐 노릇이었다. 아무리 그렇기로서니 해도해도 너무한다는 생각이 들었다. 세상에 어찌 이럴 수가!

도저히 참다못해 제주도 주택 실소유주인 빌라 주인과, 그의 친척인 양가장하여 계약을 체결한 노숙자, 그동안 나를 속인 중개인, 그가 소속한 중개법인을 상대로 계약을 이행하라고 내용증명을 보냈다.

그러나 그것도 별무 효과였다. 그들 모두가 대수롭지 않은 듯 반응이 없었다. 신속한 해결을 위해 내가 이전등기를 하기로 했다. 이전등기를 마치는 즉시 팔아주겠다는 중개인의 말을 다시 믿을 수밖에 없었다. 하지만 그 약속은 끝내 지켜지지 않았다. 내 미련함에 치를 떨었으나 나도 어쩔 수가 없었다. 그런데도 하나님과의 약속은 여전히 기억하지 못했다.

그해 8월경, 카페를 인수한 빌라 주인이 가게를 건물주에게 반납하고 보증금을 찾아갔다. 영업허가도 승계하지 않고, 카드단말기 명의도 변경하지 않은 채, 연체된 단말기 임대료도 납부하지 않았다. 서류상 가게 명의자로 남은 자매의 언니가 통신업자로부터 신용불량자로 등록하겠다는 압력을 받았다. 인간이 싫었다. 믿음도 싫었다. 돈은 더욱 싫었다. 하지만 나는 어쩔 수가 없었다.

천근만근 무거운 발걸음으로 제주도행 비행기에 올랐다. 버스를 타고 제주도 법원 앞에 가서 간절히 기도했다.

"오, 주여! 이번 한번만 굽어 살펴주십시오. 대환대출을 받을 수 있도록 도와주십시오."

실낱같은 희망을 가지고 기도하며 발걸음을 옮겼다. 버스정류장을 지나 우측 골목길 안으로 들어갔다. 1층에 여러 법무사가 있었으나 주님이 이끄시는 대로 2층까지 올라갔다. 출입문을 열고 들어서자 사람들이 분주하게 일하고 있었다.

직원들이 사각형 모양으로 뺑 둘러 앉아있었다. 그 가운데 소파가 있었다. 거기서 서성거렸더니 모퉁이에 앉아 신문을 보던 사람이 물었다.

"어떻게 오셨나요?"

"예, 좀 여쭤볼 게 있어서요."

"그리 앉으세요."

그래서 자초지종을 얘기하고 도움을 구하자, 그가 대뜸 말했다.

"그런 일이라면 중개사사무소로 가보셔야 할 것 같은데요?"

"그러시면 혹시 아시는 곳이라도. 제가 여기 잘 몰라서요."

그러자 그가 잠시 생각하다가 말했다.

"새마을금고도 괜찮은가요?"

"예, 괜찮습니다."

"어이, 김 대리! 이분한테 대출 좀 알아봐 줘."

"예, 소장님!"

"잠시만 앉아 기다리세요."

"예."

잠시 후 김 대리가 자기 승용차로 나를 태우고 가며 말했다.

"소장님과 잘 아시는 사이인가 봐요?"

"아, 예."

얼떨결에 대답했더니, 그는 정말 나를 소장님과 잘 아는 사람으로 여겼다. 그리고 어제도 60억 원 대출을 알선해주었다고 하면서, 지금 가고 있는 새마을금고와 그들 법무사가 서로 협력하는 관계라고 했다. 나와 상담한 사람은 법무사 소장이고, 금고 이사장과 막역한 사이라고 했다.

금방 새마을금고에 도착했다. 김 대리가 대출담당 과장에게 가서 뭐라고 하자, 그가 와서 서류를 보자고 했다. 서류를 건네주자 금세 얼굴을 붉히며 말했다.

"이런 문제라면 우리한테 먼저 물어보고 사서야죠?"

그리고 맨 뒤쪽에 앉은 사람에게 가서 뭣이라 한참 얘기하더니, 그와 함께 왔다. 그는 상근하는 최고의 직원으로 보였다. 김 대리가 나를 소장님과 잘 아는 분이라고 소개하자, 그가 말했다.

"어쩔 수 없잖아? 이미 사신 것을."

그러자 과장이 다시 말했다.

"사전에 우리한테 물어보고 사서야죠. 우리가 거기를 잘 압니다. 그 가격이면 바다가 보이는 곳에서도 얼마든지 살 수 있어요."

그리고 시간이 늦었으니 내일 아침에 다시 오라고 했다.

그래서 다음 날 아침, 새마을금고 직원과 함께 국민은행에 가서 대출금 3,000만 원과 신용카드 대금 500만 원 등을 모두 갚고, 3,500만 원을 새로 대출받음으로써 깨끗이 마무리했다. 긍휼히 풍성하신 하나님께서 이 죄인을 불쌍히 여기시고 정말 기적적으로 도와주셨다.

그런데 대출금 명의만 바뀌면 무조건 팔아주겠다고 떵떵거리던 중개인이 결국은 연락을 끊었다. 광고비를 요구하여 2번에 걸쳐 보내주었으나 그것도 헛방이었다. 불경기가 심각하여 집값이 떨어졌을 뿐만 아니라, 숱한 사람이 그 집을 보러 제주도까지 갔다가 헛걸음치고 돌아왔기 때문이다.

결국은 내 스스로 광고를 내서 대출금을 승계하는 조건으로 그냥 집을 넘겨주었다. 그런데 그 주택을 인수한 여인이, 자기 친정아버지한테 8,000만 원을 받고 되팔면서 대출금을 갚고 세를 놓았다. 깜짝 놀라 눈이 휘둥그레졌다. 하지만 그녀는 아무렇지 않다는 듯 당당했다.

아무튼, 그렇게 해서 제주도 주택으로 인한 부담은 일시에 사라졌다. 혹시 나를 소개한 법무사나 새마을금고에 피해를 주지나 않을까 내심 걱정되었기 때문이다. 하지만 나는 이래저래 돈이 다 털리고 말았다. 세상은 모든 길이 돈으로 통했다. 만사전통(萬事錢通)이었다.

그렇게 나는 손해도 많이 보고 고생도 직사하게 하면서, 무리하게 총알을 마련하여 시작한 찍새 드라마는 슬픈 결말(sad ending)로 치닫고 있었다. 이후에도 몇 차례 손을 댄 것 같으나 모두가 여의치 않았다.

2003년은 정말 지긋지긋한 해였다. 밤잠도 제대로 못 잤고, 아침마다 하던 운동도 못 했으며, 새벽예배도 나가지 않았다. 심한 스트레스로 입술이 부풀어 한 달 가까이 고생했고, 아토피 피부병까지 생겨 좀처럼 낫지 않았다. 이집트에 내린 10가지 재앙이 내게 고스란히 내렸던 것이다. 내가 파라오에 못지않은 우매한 자였기 때문이다.

이 모든 것이 하나님의 심판으로서 천벌이었다. 내 스스로 한 약속을 까맣게 잊고 지키지 않았기 때문이다. 중개인을 포함해 나를 그토록 어렵게 한 자들이 모두 심판의 도구였다. 그들의 속임이 문제가 아니라, 나 자신의 무지와 무능이 문제였던 것이다.

나는 한동안 나를 원망하며 지냈다. 내 입에서 저절로 저주가 튀어나왔다. 하지만 무슨 소용이 있겠는가? 그 모든 역경이 하나님과의 약속을 지키지 않은 내 잘못에서 비롯되었으니 말이다. 그 후 하나님께서 위로의 말씀을 주셨다.

"그래, 잘 알지 않니? 흘러간 물은 물레방아를 돌릴 수 없고, 엎질러진 우유 보고 울어도 소용이 없다. 지난 일은 모두 잊어버려라. 내가 새 일을 행하겠다."

이제 2003년이 지나고 2004년을 맞았다. 오직 주님의 긍휼만이 나의 살 길이다. 이집트의 파라오가 10번의 심판을 받고 이스라엘 백성을 보내주었듯, 나도 10번에 걸친 징계를 받고 비로소 내 잘못을 깨닫게 되었다.

얼마 전에 있었던 일이다. 어떤 노인이 나를 보고 대뜸 말했다.

"내가 보니 당신은 정말 선한 사람이구려. 하지만 사회적응을 위한 수강료를 너무 비싸게 치르는 것 같구려."

이제 돌아보니, 그 노인이 하나님의 메신저가 아니었는가 싶다.

"내 형제자매 여러분, 무엇보다도 맹세하지 마십시오. 하늘이나 땅이나, 다른 무엇을 두고도 맹세하지 마십시오. "예"라고 할 것은 "예"라고만 하고, "아니요"라고 할 것은 "아니요"라고만 하십시오. 그래야 여러분이 심판을 받지 않을 것입니다." (야고보서 5. 12)

035. 중보기도

"주님의 긍휼만이 형제의 살길입니다. 이 글을 쓰기가 너무나 쑥스럽고 민망합니다. 나잇값도 못한다고 책망하지 마시고, 부족한 형제를 위해 기도해주시기 바랍니다. 이는 형제와 주님만의 비밀입니다. 가족은 물론이고 아무도 모릅니다. 25년 만의 고백입니다.

1979년 10월 1일, 형제는 국가공무원으로 임용되었습니다. 총무과 구매 담당으로 발령을 받아 복지관 매점 2곳과 물품창고, 현금출납공무원 등을 맡았습니다. 계장이 나이가 많아 눈이 어두운 데다가 공병 출신으로 회계 업무를 잘 몰랐습니다. 형제는 신입직원으로 나름대로 열심히 일했습니다. 하지만 며칠 안 되어 10.26 사태가 발생했습니다.

독재자가 죽고 서울의 봄이 오는가 싶더니, 동토(凍土)의 툰드라(tundra)가 되었습니다. 신군부가 득세하면서 군사정권이 다시 들어섰고, 큰 변화가 뒤따랐습니다. 새 기관장이 진급하면서 부임해 복지관을 콕 찍어 지목했던 바, 대대적인 감사가 시작되었습니다.

감사관의 입장에서는 세간의 주목을 받을 만한 사건을 터뜨려야 했습니다. 감사 대상자를 크게 처벌하거나, 아니면 상을 주어야 했습니다. 그래야 능력을 인정받고 출세했습니다. 그런데 이번 감사는 새 기관장의 의도된 계획에 따라 시작되었던 바, 아예 쑥밭을 만들어야 했습니다.

감사 결과 복지관에 근무하는 직원 4명이 모두 징계위원회에 회부되었고, 변상과 아울러 대기발령이 났습니다. 3명은 30만 원에서 80만 원쯤 변상금이 부과되었으나, 형제는 150만 원이나 되었습니다.

형제의 첫 월급이 6만 5천 원 정도였으니, 2년분의 봉급을 먼저 변상하고 공직을 시작한 꼴이 되었습니다. 그 여파로 형제는 25년이 지난 지금까지 빚에 짓눌려 살아가고 있습니다. 다른 여러 문제까지 겹치면서 빚은 더욱 덩치를 키워 골리앗이 되었습니다.

그리고 10여 년 후, 형제는 아파트를 분양받았습니다. 최대한 융자를 많이 받았습니다. IMF 사태 전에 은행은 대출세일을 했습니다. 공직생활을 오래 하다 보니 대출도 쉬웠습니다. 그 돈으로 터미널 상가와 스키장 사업에 투자했습니다.

그런데 IMF 사태의 여파로 시행사가 부도를 내고 파산했습니다. 생애 최초로 마련한 아파트를 팔아 긴급한 빚을 갚고, 고양시 벽제동 비닐하우스로 갔습니다. 설상가상으로 1998년 8월 일어난 큰 홍수로 비닐하우스와 꽃나무 등이 모두 유실되었습니다.

그때 목숨을 건진 것만도 천만다행이었습니다. 어떤 손님이 주고 간 강아지가 우리 가족의 생명을 구한 도구였습니다. 한창 자고 있는데 개가 자꾸 짖어 나가보니, 비닐하우스를 지탱하던 아름드리 플라타너스 밑으로 황토물이 소용돌이치고 있었습니다. 흉흉한 수마가 우리 집 바닥을 뚫고 있었던 것입니다. 순간 악마를 본 듯 섬뜩한 느낌이 들면서 진땀이 솟구쳤습니다.

형제는 식구 3명과 강아지 1마리를 데리고 부랴부랴 거리로 나왔습니다. 새벽 3시 15분이었습니다. 서울로 나가려고 했으나 억수같이 휘몰아치는 비바람과 도로를 점령한 황토물을 지날 수가 없었습니다. 도로가 아니라 강이었고, 사방천지가 물바다였습니다. 차를 타고 길가에서 조마조마하게 밤을 지새웠습니다.

그렇게 휘몰아치던 비바람이 5시쯤 그치고 날이 희끄무레 밝았습니다. 우리가 살던 곳을 보니 상전벽해가 되었습니다. 그 큰 플라타너스들이 흔적도 없이 사라지고, 황토물이 굉음을 내면서 흘러가고 있었습니다. 강 주변은 말할 것도 없고, 도로변의 양옥집까지 곤두박질하여 강바닥에 처박혀 있었습니다. 대재앙의 전조를 보는 듯했습니다.

우리는 여관방에서 2개월 정도 지내다가 공릉동 관사로 들어갔습니다. 직장에서 특별입주를 시켜주었습니다. 그때까지 적십자의 구호를 받으며 살았습니다. 형제의 비닐하우스는 무허가 건물로 보상에서 제외되었습니다. 나중에 위로금이라는 명목으로 고양시에서 16만 원이 나왔습니다.

그런데 홍수가 나자 비닐하우스 주인이 사라졌습니다. 그도 우리와 같이 비닐하우스에 살면서 꽃나무 장사를 했습니다. 하천부지에 비닐하우스를 지어 임대를 주었다가, 수해를 당하자 뒷감당이 어려워 달아났던 것입니다. 형제는 마지막 남은 전세금 2,000만 원까지 고스란히 날리고 말았습니다. 하나님께서 형제를 철저하게 빈털터리로 만들었습니다.

그리고 직장에 나가보니 봉급이 압류되어 있었습니다. 여직원에게 보증을 섰던 것이 원인이었습니다. 그녀는 남편이 암으로 투병하면서 많은 빚을 졌습니다. 남편이 죽자 지인의 도움으로 우리 직장에 들어와 도서관에서 근무했습니다. 공직생활을 하면서 은행 돈을 빌려 사채를 모두 갚았던 것입니다. 그때 동료들의 보증이 필요했습니다.

그 자매는 형제의 어려움을 알고, 다른 사람은 몰라도 형제에게 진 빚만은 어떻게 하든지 꼭 갚겠다고 했습니다. 하지만 형제는 그녀를 다시 보지 못했습니다. 퇴직한 후 종암동 어디서 딸과 함께 산다는 소문만 들었습니다. 그렇게 해서 그녀는 직장 동료 20여 명에게 피해를 주고 떠났습니다.

형제는 이미 많은 빚을 진 상태에서 수해를 당하고 봉급까지 압류되었습니다. 호구지책이 필요했습니다. 형제의 아버지가 소유한 마지막 땅을 팔아 식당을 개업했습니다. 하지만 IMF 사태로 그마저 어려웠습니다. 형제의 아버지는 형제에 의해 강제적으로 무소유 정신을 실천하게 되었습니다. 지금 형제의 부모는 1년에 12만 원짜리 사글세로 살고 있습니다.

식당을 내놓았으나 찾는 사람이 없었습니다. 융자를 안고 정릉동 구옥과 교환했습니다. IMF 사태로 집값이 떨어져 융자금에도 미치지 못했던 바, 결국은 가게만 날리게 되었습니다. IMF 사태는 힘든 사람들에게 더욱 큰 어려움을 안겨주었습니다.

이런 일련의 일들이 지금도 형제의 주변을 맴돌고 있습니다. 형제는 1970년 사고로 치명적 장애를 입었습니다. 그 사실을 최근에야 알았습니다. 사탄이 형제의 약점을 최대한 이용하여 구제불능의 견본품으로 만들었던 것입니다.

결국 형제는 2000년 6월 공직생활을 그만두었습니다. 그리고 집에서 빈둥거리자 식구들이 패닉에 빠졌습니다. 급기야 아내가 이혼을 요구했습니다. 도저히 못 살겠다고 했습니다. 식구가 모두 미쳐버릴 것 같다고 했습니다.

그래서 2000년 5월 이혼하고, 9월 초에 집을 나왔습니다. 그동안 고시원, 여관방 등을 전전하다가 지금은 일산 오피스텔에 살고 있습니다. 집을 나올 때 빚이 1억 3,600만 원쯤 되었는데, 지금도 그 액수가 비슷합니다. 그동안 벌어서 입에 풀칠했다는 증거입니다.

무심한 세월만 5년이 훌쩍 지났습니다. 직장이 있을 때는 돈도 잘 빌려주던 은행이 실업자가 되자 안면을 싹 바꿨습니다. 그동안 연체가 하루도 없었으나 대출이자는 3배나 비싸졌습니다. 세상은 부자들의 향연장이었습니다. 가난한 자를 처절히 외면했습니다. 빈곤의 악순환이 계속될 수밖에 없었습니다.

지금은 신용카드 8개로 돌려막기를 하고 있습니다. 이자만 엄청 들어갑니다. 아무리 일해도 빚이 줄어들지 않습니다. 그런데 얼마 전부터 "이건 아니다!" 라는 생각이 들기 시작했습니다. 지난 부활주일 전까지 40일 특별새벽기도가 있었습니다. 주님의 은혜로 형제도 기도드렸습니다. 그때부터 "정말 이게 아니구나!" 라는 사실을 뼈저리게 느꼈습니다.

부활주일 후 1주일간은 제정신이 아니었습니다. 지난 4월 4일 새벽기도 시간에, 마음속 깊은 곳에서 갑자기 무엇이 북받쳐 오르면서 눈물이 쏟아지기 시작했습니다. 다음날도, 그 다음날도 그랬습니다. 기도원으로 올라가 한없이 울고 또 울었습니다. 눈만 감으면 봇물 터지듯 눈물이 펑펑 쏟아졌습니다. 모두가 박수 치며 찬양하는 시간에도 눈물이 줄줄 흘러내렸습니다.

기도원으로 올라가면서 몇몇 지인들에게 기도를 부탁했습니다. 그리고 산에서 내려와 6일 새벽예배에 참석했습니다. 그때 "여기서 애통해하는 자의 기도를 들어주소서!" 라는 기도가 들렸습니다. 또다시 눈물이 왈칵 쏟아졌습니다. 형제는 평소 눈물이 없었습니다. 이번에는 정말 실컷 울었습니다.

이제 더 이상 눈물이 나지 않을 것 같습니다. 내일 7일 새벽을 지켜봐야 알겠지만요. 이제 형제는 염치불구하고 모든 짐을 내려놓고자 합니다. 지난 25년 동안 고군분투하며 살아보았으나, 해결의 실마리는커녕 점점 더 짐이 무거워졌기 때문입니다.

아무리 발버둥 치고 열심히 일해 봐도 빚더미만 늘어났습니다. 조금씩 벌이가 되는가 싶더니 또 실패하고, 좌절하고, 낙망하고. 그러다 보니 세월만 보냈습니다. 이제 주님이 그 짐을 맡아주실 것이라는 믿음이 생겼습니다. 본의 아니게 지게 된 이 무거운 짐을 주님이 맡아주실 것이라는 믿음 말입니다.

앞으로 3개월 동안 기도하면서 최선을 다해 정리할 건 정리하고, 포기할

건 포기하겠습니다. 주님의 뜻에 맡기겠지만, 개인파산이나 회생 등도 고려하고 있습니다. 하지만 마음에 썩 내키지 않는 게 사실입니다. 혹시 빚을 탕감받더라도, 양심적 채무와 도덕적 부채가 남을 것 같기 때문입니다.

사실 형제는 2년 전, 복지관에 근무하면서 개인파산을 신청하려고 자료를 정리하다가 포기했습니다. 그리스도인으로서 아무리 생각해도 도리가 아닌 것 같았습니다. 그래서 손수 벌어서 빚을 갚으려고 복지관을 그만두었습니다. 물론 결과는 실패였습니다.

마지막 자존심이자 최후의 보루인 그리스도인의 양심으로, 일 점의 거리낌도 없이 최선을 다한 뒤, 그 결과를 주님께 맡기려고 합니다. 수차례 주저주저하다가 중보기도를 부탁드리게 되었습니다. 지체장애와 지적장애를 동시에 앓으며, 세상에서 방황하고 있는 형제에게 힘을 보태주십시오."

이는 일산에 있는 어느 교회 홈페이지에 올렸다가 삭제한 글이다. 나보기가 민망했을 뿐만 아니라, 뒷감당이 두려웠기 때문이다. 이후 나는 신용회복지원을 신청하여 96개월 동안 빚을 나누어 갚았다. (2005. 4. 6. 23:15)

036. 도움

"존경하는 목사님, 염치없는 글을 올려 대단히 죄송합니다. 도리가 아니지만 달리 방법이 없습니다. 부디 용서해주시기 바랍니다.

저는 복지관에서 일하고 있습니다. 1970년 사고로 다리를 다쳐 장애인이 되었습니다. 46세 남성으로 딸과 아들이 있습니다. 나름대로 열심히 일하며 신앙생활을 하고 있습니다. 하지만 어려움이 있어 서신을 올리게 되었습니다.

1979년 공직생활을 시작했으나 10.26 사태로 본의 아니게 변상을 받았고, 일산 터미널 상가와 강원도 스키장 사업에 투자했다가 IMF 사태로 어려움이 가중되었습니다. 동료 직원의 보증으로 봉급이 압류되었고, 고양시 비닐하우스에 살다가 수해를 당했으며, 하우스 주인의 야반도주로 전세금도 떼였습니다. 무허가 건물이라 보상도 받지 못했습니다.

결국은 직장을 그만두고 빚을 정리했으나 모두 갚지 못했습니다. 직장을 그만두자 은행이자도 높아졌고, 대출연장도 쉽지 않았습니다. 현금서비스나 신용카드 할인 등으로 빚을 내서 빚을 갚는 돌려막기가 시작되었습니다.

하지만 5년 정도의 기간이 주어진 대출로 전환할 수만 있다면, 모든 빚을 갚을 수 있을 것으로 보입니다. 이자는 매월 상환하고 원금은 수입이 생기는 대로 갚는 조건으로 돈을 빌릴 수만 있으면 좋겠습니다. 현재 직장에도 나가고 부업도 열심히 하고 있습니다.

빠르면 5년, 늦어도 7년이면 모든 빚을 갚을 수 있다고 생각합니다. 빚을 갚고 다시 감사의 서신을 올리겠습니다. 제가 이 어려움에서 벗어날 수 있도록 길을 열어주십시오. 간절히 부탁드립니다. 하나님께서 함께하시기를 빕니다." (2002. 6. 19)

"주님의 은총이 함께하시기를 기원합니다. 저희 교회는 연초 당회 각 분과위원회에서 1년 예산을 편성, 집행하고 있으나, 교회가 크면 사업도 많고 요청도 많습니다. 우리 성도뿐 아니라 국내, 외적으로 도움 요청이 쇄도하며, 재정보다 일이 더 과하여 기도 중에 있는 형편입니다.

제게 메일을 보내신 성도님의 마음을 이해하며, 처한 형편을 보고 마음이 안타깝지만, 도와드리지 못해 너무 죄송합니다. 저도 마음을 두어 계속 기도하겠습니다. 하나님께서 자비와 은혜를 베풀어주셔서 물질 문제가 해결되며, 구원하신 능력의 하나님 야웨 닛시를 노래하는 복된 가정으로 든든히 세워주시기를 간구합니다." (2002. 6. 22)

"존경하는 목사님, 부족한 저를 위해 기도해주시니 감사합니다. 목사님은 제가 모르는 많은 일을 하시는 줄로 압니다. 저를 위해 기도해주시니 감사할 따름입니다. 아시다시피 예수님께서는 말씀으로 죽어가는 고관의 아들을 살리셨습니다. 마찬가지로 목사님의 기도가 제게 응답되어 어려움에서 벗어나리라 믿습니다.

오늘 주일 새벽, 제가 잠에서 깨어 잠시 환상을 보았습니다. 나지막하고 잘 가꾸어진 동산이 있었습니다. 그 동산 기슭에 큰 구멍이 뚫어져 있었습니다. 그 속은 시꺼멓고 끝이 없어 보였습니다. '저 구멍을 어떻게 하면 메울 수 있을까?' 하면서 고심하고 있을 때, U자를 거꾸로 세운 듯이 보이는 큰 철관 하나가 하늘에서 내려와 그 구멍을 메우며 우뚝 섰습니다. 그러자 구멍은 보이지 않고 동산 기슭에 세워진 아름다운 조형물만 보였습니다.

존경하는 목사님, 이 환상이 무슨 뜻인지 자세히 모르지만, 목사님의 기도로 제가 어려움에서 벗어난다는 뜻이 아닌지요? 목사님, 정말 감사합니다. 언젠가 모든 짐을 벗고, 감사의 서신을 올리도록 하겠습니다.

목사님의 기도는 신령한 힘이 있어 물질의 도움보다 더 크다고 믿습니다. 다시 한 번 감사드립니다." (2002. 6. 23)

"주님의 은총이 함께하시기를 바랍니다. 잘 읽어보았습니다. 성도님이 보신 그 동산은 성도님의 마음을 표시하는 것입니다. 성도님 마음속에 구멍이 뚫렸다는 것은, 염려, 근심, 불안, 초조가 있었으나, 주님께서 그것을 돌이켜 다시 새롭게 만들어주시겠다는 하나님의 약속을 말하는 것입니다.

U자라는 것은 U턴으로 완전히 과거에서 돌아서 그리스도 안에서 새사람이 되고, 새로운 은총으로 모든 것이 다 채워지고, 아름다운 마음이 될 것을 표현하는 것으로, 좋은 축복의 언약입니다. 하나님께 영광을 돌리시고 기도하세요." (2002. 6. 29)

이 메일은 3년이 지나서 2005년 8월 25일 보았다.

"존경하는 목사님, 저는 지난 2002년 6월 22일과 6월 23일, 2번에 걸쳐 공개 게시판을 통해 글을 올린 사람입니다. 그러니까 만 3년 만에 주님의 약속이 성취되어 이렇게 감사의 서신을 올리게 되었습니다.

목사님의 말씀처럼 제가 보았던 그 환상은 과연 축복의 약속이었습니다. 도저히 희망이 없을 것 같은 빚이 하루아침에 갚아졌습니다. 생면부지의 저를 위해 기도해주신 목사님께 진심으로 감사의 말씀을 올립니다. 지난 25년 6개월간의 시름이 이제 모두 해결되었습니다.

저는 지금도 목사님을 뵙고 항상 은혜를 받습니다. 늘 주님 안에서 강건하시기를 바랍니다." (2005. 8. 25)

"주님의 평강과 은혜가 가정과 삶 속에 늘 임하시기를 원합니다. 성경에 '하나님이 가라사대, 저가 나를 사랑한즉 내가 저를 건지리라. 저가 내 이름으로 안즉 내가 저를 높이리라. 저가 내게 간구하리니 내가 응답하리라. 저희 환난 때에 내가 저와 함께하여 저를 건지고 영화롭게 하리라'고 말씀하십니다.' (시편 91. 14-15)

'그러므로 하나님의 약속의 말씀을 믿고 기도하시는 성도님에게 좋으신 하나님께서 큰 어려움을 해결해주시고, 감사로 영광을 돌리게 하신 것을 감사드리며, 저도 함께 기쁨을 나눕니다.' (예레미야 33. 3)

제가 쓴 『하나님의 손에 상처 입은 사람』을 읽어보세요. 온 가족이 늘 주님 안에서, 하나님을 기쁘시게 하는 믿음으로, 영혼이 잘됨같이 범사에 승리하는 복된 삶을 살도록 도와주시기를 주님의 이름으로 기도드립니다."

(2005. 8. 28)

그 후 나는 기도원에서 『하나님의 손에 상처 입은 사람』을 사서 읽고 가슴 뭉클한 감동을 받았다. (2005. 9. 6)

제4편

애증의 물결

037. 메신저

2000년 9월 14일 추석 연휴 다음날, 이날 따라 비바람은 몹시도 휘몰아쳤다. 얇은 이불 하나와 모포, 옷가지와 양말 등을 아무렇게나 챙겨 떠밀려나오다시피 집을 나섰다. 해가 많이 짧아져 금방 어두워질 듯했다. 전봇대에 꽂힌 《벼룩신문》을 뽑아 쭉 훑어보았다. 여기저기 전화로 알아보다가 자양동에 있는 고시원으로 갔다. 약간 비싸긴 했으나 샤워실과 화장실이 딸려 있었다.

거기서 2개월간 살았다. 처음에는 큰 불편이 없었으나 날이 갈수록 추워졌다. 북측 창가에 2호선 전동차가 지나갔다. 소음보다 차가운 바람이 더 심각했다. 전동차가 지나갈 때마다 어디서 들어오는지 매서운 한기를 느꼈다.

결국은 2개월 만에 수유역에 있는 여관으로 옮겼다. 옥상에 꾸며진 조그만 방이었다. 추위와 소음에 시달리며 잠을 자지 못하다가 따뜻하고 조용한 방에서 자니, 그곳이 바로 천국이었다.

그때 나는 우이동에 있는 교회에 다녔다. 자매는 아이들과 함께 자기 동생이 목회하는 교회로 나갔다. 나는 옥탑방에 살면서 하루도 빠짐없이 새벽예배에 참석했다. 매일같이 2시간 이상 기도했다.

"오, 주여! 제게 맞는 사람을 보내주소서."

고시원에 있을 때부터 그렇게 기도했다. 마지막 희망은 오직 하나, 내게 맞는 자매를 만나 위로를 받는 것이라고 믿었다. 하지만 기도할 때마다 성령님의 감동은 부정적이었다.

"결혼하지 않은 남자들과 과부들에게 권하고 싶습니다. 나처럼 그냥 독

신으로 지내는 것이 좋습니다." (고린도전서 7. 8)

누구 말대로 무임승차하려는 욕심일까? 하지만 나는 미련을 떨쳐버릴 수가 없었다. 너무 힘들고 외로웠기 때문이다. 하지만 막상 대상자가 나타난다고 한들, 이 엄청난 빚을 진 장애인이 무슨 염치로 어떤 말을 하겠는가? 결코 쉬운 일이 아니었다. 내 심장으로는 불가능할 것 같았다.

그러나 혹시 '주님이 원하시면?' 하고 희망의 끈을 놓지 않았다. 어느 기독교 결혼사이트에 10만 원을 송금하고 실버회원이 되었다. 그런데 막상 나를 실망시킨 여성은 상담자였다.

"솔직히 말씀드려서요. 대단히 죄송합니다만, 그냥 혼자 사시는 길밖에 다른 도리가 없을 것 같아요. 대부분의 여성들이 한번 상처를 받고, 마지막 카드로 좋은 상대를 만나 편히 살려고 하거든요. 장애인을 모시고 빚에 쪼들리며, 지지리 궁상을 떨려고 재혼하려는 여성은 하나도 없습니다."

그럼에도 여전히 "주님의 뜻이라면?" 하면서 믿음의 끈을 붙잡고, 대상자 10명을 선정하여 메일을 보냈다. 가급적 배운 게 적고 사정이 어려운 자매들을 골랐다. 그리고 주님의 뜻을 기다렸다. 시간이 지날수록 그 희망은 점점 멀어져갔다.

그러던 어느 날, 한 자매로부터 연락이 왔다. 그 자매는 내게 삶의 의미를 부여한 주님의 메신저였다. 항상 용기를 북돋워 주었고, 절망의 늪에서 나를 건져주었다. 처음 메일을 받은 후 이렇게 답했다. 나를 알면 당연히 외면할 것으로 여겼기 때문이다.

"알고 보니 그들도 주님의 이름을 빙자한 사기꾼이었소. 어려운 사람을 도와줄 생각도 없이 회비만 받아 챙기는 듯했소. 그래서 나도 가입비만 날리고 말았소."

"아니에요, 아니에요, 그렇지 않을 수도 있어요!" 하면서 자매가 생판 모르는 내게 용기를 북돋워 주려고 애쓰는 것 같았다.

그리고 얼마 시나서, 2001년 2월 1일 그 자매를 만났다. 무작정 차를 타고 가면서 이런저런 이야기를 나누었다. 그때 자매가 처음으로 입을 열어 한 말은 이것이다.

"그러게요, 그놈의 머니가 뭔지 말예요!"

그러면서 자매도 자신의 아픈 과거를 들려주었다. 어느새 우리는 양평에 가 있었다. 항공기 카페에서 커피 한 잔을 마시고 돌아오다가, 미사리 한식집에 들려 저녁을 먹었다. 이후 우리는 매년 그 한식집에서 식사를 했다. 올해로 벌써 4번째다.

"그는 여러분에게 선을 이루기 위해 일하는 하나님의 일꾼입니다." (로마서 13. 4)

038. 이별

2004년 9월 12일 오전 9시 인터넷 예배를 드리고, 다시 교회에 가서 11시 예배를 드렸다. 이어서 오후 예배를 드리고, 2002년 10월부터 다니던 교회를 그만두었다. 그리고 지난 2001년 2월에 만나 사귀던 자매와도 헤어졌다.

그 교회는 강남에 있는 대형 교회의 지(枝) 교회로서 프로그램이 매우 제한적이었다. 원로목사가 인도하는 목요일 집회에 빠질 수도 없었다. 지 교회 목사들이 성도들을 데리고 앞다퉈 참석했기 때문이다. 혹시 원로목사의 눈 밖에 나기라도 하면 어떻게 될지 모르는 불안감도 있었지만, 원로목사에 대한 지 교회 목사들의 충성심도 대단했다.

가끔씩 원로목사가 오는 날이면 그에 대한 예우는 하나님에 버금갈 정도였다. 사정을 모르는 사람들이 보면 금방 식상할 정도였다. 원로목사가 교회당을 사주고 교인까지 나눠줬으니 인간적으로 그럴 수밖에 없었다.

그리고 장애인이 함께할 프로그램이 거의 없었다. 남성들은 주일예배가 끝나면 축구를 했다. 명분상 축구선교회 활동이었다. 토요일에는 등산을 자주 했다. 야외예배를 드릴 때도 식사시간을 제외하고 거의 족구를 했다. 장애인과 여성들은 관객이었다. 또 밤 줍기, 사우나 가기 등 모두 남성 위주의 행사였다. 노약자가 동참할 프로그램은 식사 후 설거지가 고작이었다.

지난 9월 7일, 자매로부터 전화가 왔다. 어머니 생신을 맞아 시골에 갔다가 가져온 반찬을 주려고 퇴근하며 들리겠다고 했다. 하지만 오지 않았다. 밤늦게 자리에 누워 잠을 청하려고 했더니 그제야 연락이 왔다. 사정이 생겨 못 온다고 하면서, 내일 아침 6시 15분에 자기 집으로 와서 반찬도 가져가고 사무실까지 데려다 달라고 했다. 시간을 보니 자정이 가까웠다. 마음이 싱숭생숭해 자리에서 일어나 샤워를 했다. 이것저것 반찬도 만들고 마늘도 까면서 밤을 지새웠다.

그리고 그동안 나가지 않던 교회에 나가 새벽예배를 드리고 시간에 맞춰 자매의 집으로 갔다. 자매는 5분 늦게 부스스한 몸으로 반찬을 들고 멋쩍은 모습으로 나타났다. 화장은 평상시보다 확연히 진했고 얼굴은 까맣게 보였다. 지난밤 늦게 들어와 씻지도 않은 듯 상당히 피곤해보였다. 직장에

도착하기까지 책을 꺼내 보면서 억지로 명랑하게 보이는 듯했다. 그 모습이 너무 이색했다. 기분이 언짢아 시종일관 아무 말도 하지 않았다.

직장에 도착하자 자매는 사무실이 아닌 도서관에 내려달라고 했다. 잠시 눈을 붙이려는 듯했다. 그때 자매가 차에서 내리면서 멋쩍은 웃음을 띠며 악수를 청했다. 이별의 전주곡이라는 생각이 들었다. 잠시 얼굴을 쳐다보다가 받아들인다는 의미로 손을 내밀었다. 순간 자매가 이상하게 보였다.

결혼하고 얼마 되지 않은 때로 짐작된다. 나는 허구한 날 술을 마시고 집에 늦게 들어갔다. 어느 때는 밤을 새우고 새벽에 들어가 대충 씻고 출근했다. 지금의 자매가 옛적의 내 모습처럼 비쳐진 것이다. 하지만 자매는 술을 입에 대지 않았다. 자매를 통해 내 과거를 돌아보는 기회가 되었다.

얼마 전 옆집에서 생긴 일이다. 신혼 초의 색시가 저녁을 차려놓고 신랑을 기다렸다. 신랑의 귀가가 늦어지자 목욕을 했다. 무료함을 달래려고 이것저것 집안일을 찾아 했다. 하지만 그날 밤, 신랑은 집에 들어오지 않았다.

색시는 대문 밖에서 새벽을 맞았다. 5시 40분쯤 신랑이 꾸부정한 모습으로 나타났다. 평소와 달리 엉거주춤하게 걸었고, 다리도 휘청거렸다. 간밤에 무슨 일이 있었는지 대충 짐작이 갔다.

그들이 어떻게 대하는지 유심히 지켜보았다. 신랑은 미안한 듯 색시의 어깨를 툭툭 치며 무슨 말을 하려고 했으나 어색하기 그지없었다. 색시는 아무 말 없이 팔짱을 끼고 하늘만 쳐다보았다. 너무 황당하여 말문이 막힌 듯했다.

다음날 9월 8일 수요일, 자매는 노조업무 관계로 시간이 없어 휴무 토요일인 11일에 들리겠다고 했다. 그리고 토요일이 되자, 합창단 선생님이 와서 못 가니 보내드린 후 늦게 들린다고 했다. 하지만 그날도 오지 않았다.

자매는 무슨 일로 누구를 만나면, 그를 위해 최선의 배려를 아끼지 않았다. 순간순간 최선을 다해 산다는 것이 자매의 지론이었다. 상대방에 걸림이 될 만한 일은 아예 차단했다. 핸드폰도 꺼버렸다. 나는 자매에게 전화를 끄지 말라고 했다. 상대방의 배려도 좋지만, 긴급한 일이 있을 수도 있다고 했다. 하지만 그 말에는 질투심도 있었다.

9월 12일 주일, 교회를 다녀와 메일을 열어보았다. 자매는 딸과 함께 교회에 갔다가 사무실에 있다고 했다. 날마다 하는 일이 많아서 어제 그냥 잤다고 했다. 그리고 그동안 집안일을 못해 냉장고도 텅텅 비었다고 했다. 그래서 오늘 들릴까 했는데, 합창단 선생님이 저녁을 같이 먹자고 해서 못 간다고 했다. 그러면서 다음 주에 들린다고 했다. 그리고 너무너무 보고 싶다는 말도 빠뜨리지 않았다.

9월 14일 아침, 자매가 메일을 보냈다. 지난 4년 동안 자매와 주고받은 메일이 어림잡아 수백 통은 되리라고 본다.

"샬롬!

상큼한 아침입니다.

흐르는 찬양도 넘 상큼하고 …

좋은 글과 상큼한 찬양으로

하루를 기분 좋게 시작하시길 …

지금은 저 때문에 기분이 저 바닥에 있을 것 같아요.

어제 전화했더니 끊어버리더군요.

일과를 마치고 집에 가면서

잠깐 들려 얼굴이라도 보고 싶었는데 …

항상 제가 잘못했는데

이번에도 역시 무지 잘못했어요.

상한 마음이 풀어지면 멜 보내서요.

넓은 마음으로 용서해줘요.

약속 못 지켜서 미안해요.

참 좋은 글입니다.

'사랑해'

'보고 싶어'

'내가 있어 행복하지'

'힘들지 않느냐'

'네가 있어 참 좋아'

정말 듣고, 하고, 느끼고 싶은 귀한 말들입니다.

주 안에서 승리하세요.

할렐루야!

창밖을 보니 더없이 좋은 계절이네요.

오늘도 좋은 날 되기를 빕니다.

아멘!"

"어제 자다가 전화를 받기는 했으나

힘이 없어 말이 너무 미약했소.

그래서 그대가 듣지 못하는 듯했소.

나는 보통 9시가 되면 잠자리에 드는데,

특별한 사정이 없는 한,

그 이후 전화는 삼가주기를 …

그리고 누가 잘못하고 누가 잘한 사람이 있겠소.

악하고 음란한 세대에 살아가는 우리들 모두가
세상의 유혹에서 자유롭지 못한 인생인 것을.
구더기가 구더기보고 어찌 더럽다고 할 수 있겠소.
그대도 자유인이고 나도 마찬가지니
어찌 상대에 대한 자기 욕심만을 채울 수 있으리.
시시때때로 다가오는 숱한 사람들 속에서
잠시나마 좋았던 사이로 넘기려고 하니
그대도 그렇게 생각하기를 …
가끔씩 나는 그대의 사람이라도 된 듯이
착각 속에 살았던 것이 사실인 바,
내 부족함을 어찌 말로 다할 수 있으리.
나에 대한 불미스러운 추억들은
이제 모두 깨끗이 잊어버리기를 …
빠른 시일 내 상가가 정리되어 채무가 승계되고
그대에게 빌린 돈도 갚게 되기를 기도하고 있으니
이 기도에 그대도 동참해주기를 빌어요.
그리고 가급적 모든 것을 잊고 싶으니
그대가 보내는 메일도 삼가주기를.
내가 다시 안정을 찾을 때까지
아예 메일 주소도 삭제해주기를 …
그대의 호의는 정말 고맙게 생각하고 있소.
내 평생 그대와 같은 사람을 만난 적이 없소.
내 죽어도 그대를 잊지 않을 것이오.
약속하고 또 약속하리다.

그대의 친절이 다른 사람들과 같을지라도

나는 그대의 호의를 영원히 잊지 않을 거요.

주 안에서 승리합시다.

샬롬!"

039. 바람

기도하다가 보니, 실체 없는 바람이 온 세상을 헤집고 다녔다. 악신의 바람잡이였다. 사탄이 인간의 본능을 자극하여 악의 나라를 확장하려는 술책이었다. 그 바람이 미국의 한 여배우에게 들어가는 모습이 보였다.

그러자 여배우는 즉시 바람이 들었다. 누구든지 자기를 원하는 사람에게 자신의 몸을 맡겼다. 그걸 자랑스럽게 여겼다. 자기 아름다운 몸이 하나님의 은혜이며, 그렇게 하는 것이 하나님과 사람에 대한 도리라고 여겼다.

"나를 사모하는 사람에게 모른 체하는 것은 예의가 아니라고 봅니다!"

그렇게 여배우는 악신이 부리는 바람의 도구가 되었다. 바람은 그녀의 미모와 착한 마음씨를 이용하여 유명 인사들과의 스캔들을 만들었으며, 그녀의 인기는 하늘 높은 줄 모르고 치솟았다. 그녀는 모든 사람에게 귀히 여김을 받았으나, 하나님의 진노는 피할 수가 없었다.

바람이 다른 사람을 찾다가 서울까지 오게 되었다. 제기동에서 다방을 운영하는 마당발 마담에게 들어갔다. 그러자 그녀는 의기양양하게 바람을 피우기 시작했다. 하지만 세월이 흘러 마담의 나이가 들자 큰 위력을 발휘할 수 없었다.

어느 날 바람이 자기 동료 하나를 불러 그 마담을 맡기고 빠져나왔다. 그리고 최대의 효과를 얻을 사람을 찾아 나섰다. 그야말로 우는 사자같이 온 세상을 떠돌아다니며 먹이사슬을 찾았다.

그러다가 경상도 어느 산골의 처녀에게 들어갔다. 그러자 그녀도 곧 바람이 들었다. 처녀가 바람이 났다는 소문이 돌자 서울로 올라갔다. 그런데 그녀는 그것이 오히려 기회가 되어 큰 부자가 되었다.

서울로 올라온 처녀는 이 사람 저 사람 가리지 않고 바람을 피웠다. 그러다가 일찍이 상경하여 자수성가한 놈팡이 하나를 만났다. 그리고 얼마 후 결혼을 했다. 결혼하고 얼마 안 되어 살던 집이 재개발되어 엄청난 보상금을 받았다.

그러자 그녀는 돈놀이를 하기 시작했다. 일부는 떼이기도 했으나 그걸 계기로 더욱 활발하게 바람을 피웠다. 남편은 가정과 돈을 지키기 위해 그 사실을 알면서도 묵인할 수밖에 없었다. 어느덧 그녀도 나이가 들었다. 바람이 또 다른 친구 하나를 불러 그녀를 맡기고, 자기는 또 다른 사람을 찾아 나섰다.

여기저기 떠돌던 바람이 이번에는 이혼녀에게 들어갔다. 남편의 가출로 본의 아니게 혼자 살고 있는 30대 여성이었다. 바람이 그녀의 믿음을 시험하기 위해 한 유부남을 부추겨 유혹했다. 그러자 경제적 어려움과 외로움에 시달리던 그녀는 너무 쉽게 넘어가고 말았다.

그때부터 이혼녀는 자신을 원하는 사람에게 거절하지 않고 선히 대했다. 외로움을 해소하고 가끔씩 용돈도 얻어 썼다. 그녀는 더욱 활기차게 살아가는 기회로 삼았다. 무슨 일을 하든지 앞장서 열심히 했으며, 어떤 모임에도 빠지지 않았다. 그러자 바람은 그녀의 열정을 이용하여 더욱 바람을 피우게 부추겼다. 하지만 그녀는 그게 악신의 농락이라는 사실을 깨닫지 못했다.

그러다가 한 친구를 만나 사귀게 되었다. 그는 이래저래 어려움을 겪고 있었으나 믿음의 지조를 지키려고 애썼다. 그들의 애틋한 사랑을 시기한 바람이 그들을 갈라놓으려고 몸부림쳤다. 아예 둘 다 싸잡아 먹이사슬을 만들려고 발악했다. 그래서 영적 전쟁이 시작되었다.

바람은 그들에게 바람을 피우라고 끊임없이 충동질했고, 그녀는 갈등을 겪었으나 유혹을 뿌리치지 못하고 곁길을 걸었다. 그는 나름대로 기도하며 믿음의 지조를 지켰다. 그러다가 하나님의 계시를 보았다. 그들이 바람에 의해 어려움을 겪고 있다는 사실이었다.

하지만 그는 그녀에게 터놓고 얘기할 수 없었다. 모른 체하고 기도만 했다.

"유부녀도 바람을 피우는 세상에 이혼녀가 바람을 피우는 게 무슨 대수란 말인가?"

이렇게 악신은 끊임없이 그들을 미혹하고 훼방했다. 그때 그가 소리쳤다.

"우리 주 예수 그리스도의 이름으로 내가 명한다! 더러운 악신아, 물러가라!"

바람의 유혹을 받은 여인들은 대체로 얼굴이 사각형이었고, 립스틱을 진하게 바르고 있었다. 쌍꺼풀에 눈이 동그랗고 눈동자에 레이저 같은 빛이 깃들어 있었다.

"오, 주여! 저들에게 새 힘을 주소서. 좋은 배필을 만나 바람의 미혹에서 벗어나게 하소서!"

이 기도는 얼마 후 그대로 실현되었다.

"레위 사람들은 내 말을 잘 들으시오. 이제 그대들 자신을 먼저 성결하게 하고, 또 그대들의 조상이 섬긴 주 하나님의 성전을 성결하게 하여, 더러운 것을 성소에서 말끔히 없애도록 하시오." (역대하 29. 4)

040. 눈물

자매와 함께 어느 학교에서 유치한 공부를 하고 있었다. 초등학교 저학년 때 배운 것으로 내용은 하찮았으나, 살아가면서 반드시 거칠 과정으로 여겨졌다. 나는 가운뎃줄 맨 뒤쪽에 앉았고, 자매는 왼쪽 창가 중간에 앉아있었다.

휴식시간에 자매가 다가와 무슨 말을 하려고 했다. 나는 애써 외면하고 무시했다. 그러자 자매가 재차 와서 무엇을 해명하려고 했다. 나는 화를 내면서 더욱 매몰차게 물리쳐버렸다. 자매가 무안해하며 자기 자리로 돌아갔다. 내친김에 아주 끝장을 보려고 자매에게 다가갔다. 자매가 창가에 머리를 박고 울다가 말했다.

"제발, 다음 주까지 이틀만 더 기다려주세요."

자매의 눈물을 보니 안쓰러운 마음이 들었다. 자매는 여느 남자 못지않게 강한 여성이었고, 한 번도 우는 모습을 보이지 않았다. 스스로 감당치 못할 일이 있을 때는 이를 악물고 머리를 흔들며 물리치곤 했다.

그때 자매는 너무나 연약한 모습이었다. 가식이라곤 털끝만큼도 찾아볼 수가 없었다. 눈물이 양 뺨에 흘러 범벅이 되었다. 무엇인가 진심으로 회개하고 뉘우치는 듯했다. 그러나 내 마음은 이미 떠나 있었다.

"이 또한 자매를 이용한 사탄의 술수가 아닐까? 나와 자매를 동시에 함정에 빠뜨리려는 속셈이 아닐까? 이제 무슨 일이 있어도, 더 이상 사탄의 속임수에 넘어가지 않을 거야!"

이렇게 다짐하며 나 자신을 더욱 다그쳤다. 하지만 자매에 대한 연민의 정만은 어쩔 수가 없었다. 자매를 부끄럽게 만든 내가 민망했다. 자매가 저리된 것도 알고 보면 모두 내 탓인 것을! 오오, 아버지 하나님이시여!

"네 마음이 그 여자의 길로 기울지 않게 하고, 그 길로 빠져들지 않게 하라." (잠언 7. 25)

041. 고독

지난 4년 동안 사귀던 자매와 결국 헤어지게 되었다. 알고 보면 내 부덕의 소치였으나 나도 어쩔 수가 없었다. 이별의 아픔은 무거운 짐을 지고 살아가는 내게 또 다른 부담으로 다가왔다.

지난 40일간 기도하며 지냈다. 이제 더 이상 실족해서도 안 되고, 성령님을 근심시켜 드려서도 안 된다는 생각이 들었다. 하지만 시간이 흐를수록 밀려오는 외로움을 달랠 길이 없었다.

"주님이 선히 여기시거든, 제게 맞는 사람을 다시 보내주소서."

그러자 내 마음 깊은 곳에서 감동이 일어났다.

"과거도 묻지 말고, 외모도 보지 말고, 소유도 생각지 마라."

"주님, 무슨 뜻인지요?"

"네 과거는 수치요, 네 외모는 상처요, 네 소유는 부채다."

"오, 주여! 그러면 제가 어찌해야 합니까?"

"오직 믿음, 믿음뿐이다."

"모두 혼인을 귀하게 여기고, 잠자리를 더럽히지 마십시오. 음란한 자와 간음하는 자는 하나님의 심판을 받을 것입니다." (히브리서 13. 4)

042. 갈등

"주님의 평화가 늘 함께하시기를 빌어요. 어젯밤 연극 공연장에서 예기치 못한 만남으로 크게 당황했지요? 남자 친구와 함께 있는 줄도 모르고 너무 아는 체해서 미안해요. 앞으로 두 사람이 결혼할 사이라면 축하해드릴게요." (2004. 12. 27. 아침)

"어느 누구보다도 열심히 살아가는 그대에게 격려는 못 해주고 이래저래 시기와 질투만 했으니, 내가 보아도 유치하기 짝이 없구려. 주님을 위해 이 세상 모든 것, 내 생명까지도 바칠 것 같은 믿음도 여지없이 무너짐을 느꼈소. 그대를 소홀히 대해 결국 나를 떠났다는 생각을 하니, 내 심장이 멎을 것 같았소.

그때 나는 가식을 깨고 내 진심을 보았소. 내가 참으로 그대를 좋아했구나, 그대는 내게 너무나 소중했구나, 그대는 정말 내 생명과도 같았구나. 하지만 주님의 뜻이라는 너울을 쓰고 그 사실을 은근히 숨기고 있었소. 주님 안에 있는 평화가 그대와 늘 함께하기를 비오." (2004. 12. 27. 오후)

"참으로 좋은 날이다. 오늘은 기분도 많이 좋아졌고, 천국과 지옥을 오락가락한 어제와 달리 안정을 취하고 하루를 시작한다. 먼저 부족한 나를 이해해주기 바란다. 언젠가 너도 지적했듯이, 일면으로 나는 한없이 좋은 사람이기도 하지만, 한편으로 이해하지 못할 사람이기도 하다.

나는 지체장애와 지적장애를 동시에 앓고 있는 듯하다. 정신분열과 조울증도 심상찮은 것 같다. 어느 때는 한없이 유치하다가, 어느 때는 아주 고상한 듯하고, 나도 나를 종잡을 수가 없다. 나도 이 사실을 얼마 전에 깨달았다. 하지만 주님이 치유하시면 정금같이 나오리라 믿는다. 오늘도 주 안에서 승리하기를. 주님의 평화가 함께하기를 빈다." (2004. 12. 28. 아침)

"연말이라 많이 바쁘리라 생각된다. 당신은 지난 4년 동안 쭉 그랬었지. 돌이켜보면 그 바쁜 나날 속에서도 정말 꿈같은 시간이었다. 벌써 자정이 가까우니 퇴근은 했겠지. 더욱 알차고 보람된 내일을 위해 편히 쉬기를. 주님의 평화가 함께하기를 빈다." (2004. 12. 28. 밤)

"지난날을 돌아보니 정말 아쉬움이 많다. 좀 더 깊은 관심을 가지고 잘 해줄 수도 있었는데 참으로 후회스럽다. 그럼에도 끝까지 인내하며 받아준 너를 진심으로 존경한다. 오늘 새벽기도 중에 더욱 그런 마음이 들었다. 특히 교회를 옮기는 문제에 대해서 그랬다.

너는 몇 차례에 걸쳐 내게 물었지만, 믿음의 선배라고 자처한 내가 모른 체하고 말았구나. 어떻게 보면 참으로 중요한 문제였는데, 너를 위해 내가 관심을 갖지 못했다. 정말 무능하고 무심했다. 내가 봐도 실망스러운 일이다.

이제부터라도 내 도움이 필요한 일이 있거든 기탄없이 말해주기 바란다. 요즘은 보통 11시경 자고 5시 전에 일어나니 늦은 시간도 괜찮다. 내 역할이 있다면 언제든 얘기해라. 딸아이 연극 끝나고 집에 데려다주는 일도 기쁘게 하겠다. 그런 마음을 이제 주님이 주셨다.

내가 무엇을 해도 네게 진 사랑의 빚을 다 갚기는 부족할지 모르겠다. 어쩌면 내 인생이 짧을지도 모르겠다. 내게 임한 사랑의 주님께 감사드린다. 너뿐만 아니라 이 세상 모든 사람을 진심으로 사랑하고 싶다. 그런 마음이 간절하다.

특히 너의 진솔한 사랑에 깊이 감사하고 있다. 지금 내 사랑은 이제까지의 사랑을 초월하여 그 어떤 조건도 없는 하나님의 사랑으로 승화하고 있다. 주 안에 있는 참 사랑과 평화가 너와 늘 함께하며, 네 모든 일과 속에서 기쁨으로 드러나기를 빈다. 주님이 함께하시는 너의 좋은 친구." (2004. 12. 29. 아침)

"샬롬! 고마워요. 진심으로 감사하고요. 지나온 날들을 생각하면 제가 오빠에게 해준 일이 없었어요. 항상 주시기만 하셨잖아요. 생각해보면 제가 부끄럽죠. 더 잘해드릴 수도 있었는데.

지금도 그렇지만 늘 어려울 땐 그댈 찾고, 부탁할 때도 늘 그댈 찾고, 언제나 싫은 내색 한번 안 하시고, 다 들어줄 때마다 항상 고마웠답니다. 저도 그댈 무진장 의지하며 살았답니다.

최근 들어 그대가 원하질 않아 서운하면서도 죄송해서 바쁘다는 이유로 내 생활에만 충실했지요. 늘 내 편에 서서 편하게 해주시니 제가 많이 못되게 굴었지요. 죄송하고 미안해요. 내년에는 더욱 멋진 친구로, 좋은 친구로, 때론 아내처럼, 때론 애인처럼, 그렇게 지내도 될까요?

물론 좋은 사람 만나면 재혼하시고요. 오빠에게, 집사님에게 편한 친구가 되어주고 싶네요. 서로 숨 쉬고 산소와 같은 친구로 여기며 살고 싶네요. 오빠는 늘 천사와 같거든요. 누가 뭐라고 해도 제게는 그대가 천사랍니다.

새해에는 좋은 일만 있으시길. 선비님, 주 안에서 더욱더 사랑합니다. 아참! 아이가 연극 끝나고 전화하면 데려다줄 수도 있죠." (2004. 12. 29. 낮)

"그래, 네 말을 들으니 그도 일리가 있구나. 한때 너도 나를 좋아했었지. 눈에 선하구나. 너로 인해 나는 기쁨과 즐거움이 가득했었지. 하지만 네가 모르는 어려움도 없잖아 있었지.

너의 말대로 내년에는 우리 다시 한 번 새롭게 시작해보자. 지금의 마음이라면 이 세상에서 둘도 없는 멋진 친구가 될 거야. 재혼이란 내게 맞지 않는 갑옷과 같다. 하나님의 뜻이 어디에 계신지 모르지만, 누가 나를 선뜻 받아주겠는가?

그리고 네가 나를 이해하고 받아주었으니, 나도 너를 이해하고 받아주는 데 이의가 없다. 우리 정말 하나님의 천사가 흠모하기까지, 주 안에서 서로 사랑하며 행복하게 살아보자. 또 아이들한테도 언제든지 전화하라고 해라. 부득이한 사정이 없으면 기쁨으로 수행하겠다." (2004. 12. 29. 저녁)

그러나 우리는 마음의 상처가 너무 깊었다. 그때 이미 루비콘 강을 건넜는지 모른다. 다하지 못한 사랑의 아쉬움이요, 장애를 극복하지 못한 갈등의 골이었다.

044. 위로

"내가 사람의 방언과 천사의 말을 할지라도, 내게 사랑이 없으면 울리는 징이나 요란한 꽹과리가 될 뿐입니다." (고린도전서 13. 1)

"너무나 귀하고 숭고한 사랑, 그 사랑은 하나님이시다. 하나님께서 주신 사랑을 고이 간직하고, 오늘도 그 사랑 안에서 승리하기를 빈다.

아침에 주신 주님의 사랑을 하루도 간직하지 못하고, 저녁이면 사탄에게 내주며 그 먹잇감이 되기 일쑤니, 이게 오늘을 살아가는 우리의 현실이 아닌가? 이는 참으로 더러운 귀신의 꼭두각시놀음이니, 모든 것을 다 이해하고 받아주더라도 결코 용납할 수 없는 것, 하나님의 자녀를 실족시켜 하수인으로 삼으려는 귀신의 농락만은 절대 수용할 수 없다.

우리가 작은 일에도 실족게 되는 그 배후에는, 까만 민자 얼굴에 고양이 눈을 가진 더러운 귀신이니, 예수님의 이름으로 단호히 물리쳐야 한다. 나는 일찍이 너넛 차례에 걸쳐 그 귀신을 보았다. 그래서 귀신의 접근을 막아달라고 애타게 기도했다. 주님을 믿고 의지하는 하나님의 자녀를 어떻게 하든지 넘어뜨리려고 달콤한 미끼와 올무를 놓기 일쑤였다.

그 악령을 물리치기 위해 늘 기도하며 주님의 도움을 구하자. 오늘도 주님과 함께하며 승리하자. 주님의 자녀로서 사탄의 올무에서 벗어나자. 거룩한 성령과 더러운 악령은 결코 함께할 수 없다. 주님의 이름으로 승리의 개가를 부르자. 할렐루야!"

"우리는 우리를 위한 하나님의 사랑을 알고 믿었습니다. 하나님은 사랑이십니다. 누구든지 그 사랑 안에 거하는 사람은 하나님 안에 있고, 하나님도 그 사람 안에 계십니다." (요한1서 4. 16)

045. 비련

"미안한 얘기지만, 이제 이런 시나 악보 등을 더 이상 보내지 말기 바란다. 알다시피 나는 이런 것을 필요로 하지 않는다. 이를 볼 때마다 귀찮고 짜증스럽다. 그대의 취향에 맞는 여러 친구가 있으니, 그들의 틈바구니 속에 내가 끼어 있어 유감이다. 이제라도 내 주소를 깨끗이 지워주기 바란다.

친구가 어려울 때는 외면하고 자기 욕심만 채우다가, 필요할 때만 아는 체하는 사람은 참 친구가 아니라고 본다. 어려울 때 친구가 참 친구가 아닌가? 유감스럽게도 우리는 그런 사이가 못 되어 정말 안타깝다.

더욱이 우리는 이미 연인으로서 생명이 끝났지 않았는가? 이제는 예수 그리스도를 믿는 하나님의 자녀로서 서로를 위해 기도하고 필요한 일로만 연락하자. 그리고 빠른 시일 내 모든 일이 깨끗이 정리되도록 기도하자. 내 생명이 끝나지 않는 한, 결코 그대에게 피해를 주지 않을 것이다.

혹시 나를 믿지 못하겠거든, 우리 주 예수 그리스도를 봐서라도 믿길 바란다. 그분이 자신의 영광을 가리지 않기 위해서라도 모든 일을 선으로 합력시키실 것이다. 다만 지금의 고난은, 내가 그분의 뜻을 따르지 않았기 때문이고, 나를 목적하신 곳으로 인도하시기 위한 방편일 뿐이다." (2005. 4. 6)

이는 조울중이 깔아놓은 멍석 위에서 시기심이 낳은 어릿광대가 춤을 춘 것이었다. 나는 내가 보아도 정말 사이코였다. 하지만 나도 나 자신을 어쩔 수가 없었다. 나는 주님의 이름을 빙자한 변덕쟁이요, 미치광이였다.

"주님의 사랑으로 모든 것을 이해하기 바란다. 그동안 내 변덕으로 인해 마음이 많이 상했겠지. 네 특유의 밝은 마음으로 용서하기 바란다. 내가 모르는 하나님의 뜻이 계셨기에 그토록 많은 고난을 주셨다는 사실을 깨달았다. 그래서 두 손 들어 항복하고 모든 것을 주님께 맡겼다.

그리고 내 인생을 주님께 바치기로 약속했다. 그러자 모든 것이 주 안에서 평안하고 행복하게 되었다. 비록 내 길은 내가 알지 못하나 주께서 함께하시니 얼마나 편한지. 40일 목적기도가 끝나고 비몽사몽 간에 지내다가, 기도원에 올라가 3일간 눈물로 회개했다. 주님의 위로와 인도로 신학교를 찾아 상담한 뒤, 곧바로 편입하여 공부한 지 1주가 지났다.

보강을 거쳐 내년 2월쯤 졸업하고, 마지막 과정을 준비할 것이다. 주님께서 인도하신 일, 주께서 이끌어주시리라 믿어 의심치 않는다. 이제까지 마음 상했던 일을 깨끗이 잊어주길 바란다.

내 나이 지천명에 주님의 뜻에 따라 길을 나섰으니, 더 이상 무슨 욕심이 있겠는가? 무 유골 무 유품 무 유산을 실천하며 주님의 길을 갈 것이다. 부디 주님의 사랑으로 이해하고 용서하기 바란다.

"감사함으로 살다가 감사함으로 들림 받자!"

처음 만나 약속한 이 말을 끝까지 지키길 바란다. 이 약속을 고이 간직하고 굳게 지키며, 마음을 새롭게 하여 주의 길을 걸어가고 싶다. 주님의 인도로 상가에 관해 일이 있으면 즉시 연락하겠다. 앞으로 좋은 사람 만나 행복하게 살기 바란다." (2005. 4. 10. 주일)

"오늘 퇴근할 때 미리 말하고, 내일 아침 9시 동사무소에서 만나자. 서류 떼고 날인하고 출근하면 약간 지체될 것 같다. 이번 일을 계기로 참으로 감사하다. 이제야 내 삶의 목적과 가치를 찾은 것 같다. 돈이나 빚이 이제 귀찮게 여겨진다.

오직 빚을 갚기 위해 동분서주하며 살아온 지난 25년이 너무 아쉽다. 빚을 갚기는커녕 오히려 늘어났고 허송세월만 했다. 이제 모든 것을 포기했다. 이 세상 모든 욕심을 버렸다. 오직 주님의 영광만을 위해 살 것이다. 그동안의 숱한 고난도 주님의 영광을 위해 준비된 것 같다.

이제 주님의 영광이 아니면 천하를 준다고 해도 사양할 것이다. 삼시 세끼 밥을 못 먹으면 어떻고 외로우면 어떤가? 신용불량자가 되면 어떻고 파산하면 어떤가? 그 모든 것이 다 먼지인 것을!

주님을 위해 죽는다고 한들 그게 무엇이 대수겠는가? 내게 주신 주님의 은혜가 이것으로 족한 것을! 고난 끝에 얻은 귀하고 복된 은혜가 아닌가? 이제야 진정한 삶의 보람을 찾았다. 내 여생이 이제 걱정이 없다. 목숨을 내놓으니 정말 평안하구나. 내일 아침의 약속이 어려우면 다시 연락해요. 안녕." (2005. 4. 15)

"그게 주님의 의를 이루는 길이라면 감사하자. 이 모든 일이 주님의 뜻이고, 그 의를 이루는 길이라면, 우리가 어찌 감사하지 않고 순종하지 않을 수 있겠는가? 지난 4년 동안 우리 사이를 지켜보신 주님께서 공의로 판단하신 일이 아닌가? 순종해야 한다.

어차피 동행하지 못을 사람을 사사로운 정으로 붙잡아놓고, 서로 가야 할 길을 가지 못하게 막는다면, 그게 과연 주님이 보시기에 옳은 일이겠는가? 딱지를 놓거나 맞는 것은 가당치도 않고 필요치도 않다. 주님의 의로운 뜻을 이루는 길이라고 생각하자. 우리가 어찌 딱지를 놓고 맞겠는가?

지난 4년 동안 얼마나 많은 시간을 함께했는가? 우리가 어찌 아쉬움이 없겠는가? 하지만 이제 주님의 뜻을 알았으니 어찌 더 이상 지체하겠는가? 그렇다고 해서 우리가 서로 미워하거나 배척할 이유는 전혀 없다. 우리의 관계를 주님께 확실히 보여드리고, 새 출발하기 위한 방편일 뿐이다.

하지만 내게는 여전히 너의 따뜻한 손길과 흔적이 많이 남아있다. 시시때때로 다가오는 미련을 뿌리치고자 애쓰고 있다. 이제 더 이상 넘어지면 안 된다고 다짐하고 또 다짐한다. 이제 너와의 관계가 정립되어 감사하다. 오랜만에 주님의 뜻에 순종하니 내 마음 또한 너무 기쁘다. 이제는 연인이 아니라, 주 안에 있는 형제자매로서 가끔씩 문안하고 만날 일이 있으면 만나자.

나는 여전히 너와 딸들을 위해 기도하고 있다. 오랫동안 가족처럼 지냈지 않은가? 그리고 아직도 남아 있는 너와의 미결사항 마무리를 위해, 특별히 상가의 채무승계가 깨끗이 마무리되도록 계속 기도해주기 바란다. 다가오는 4월 26일, 너의 44번째 생일을 미리 축하한다." (2005. 4. 16)

"더욱 예쁜 집사님 되세요. 집사님의 말씀처럼 한편으론 섭섭한 맘 금할 길 없지만, 그것이 주님의 뜻이니 어찌 순종하지 아니하겠어요. 그보다 더 큰 일이라도 주님의 뜻을 따라야겠지요.

지난 추석에 맏딸을 통해 어느 정도 짐작하게 하시고, 연말에 집사님으로부터 확실한 사정을 들었으니, 지난 1년간 기도하면서 준비하게 하신 사랑의 주님께 어젯밤 진심으로 감사를 드렸답니다. 늘 행복하시기를 빌어요. 주 안에서 집사님을 사랑합니다." (2005. 12. 21)

지난 추석에 고향에 가지 못했다. 자매 집으로 전화를 했더니 아이들이 받았다. 그래서 아이들과 함께 점심을 먹고 용돈을 주었다.

"엄마는 어디 가셨지?"

"청주에 가셨을 거예요. 아이 참, 몰라요. 엄마 오면 직접 물어보세요."

그리고 헤어졌다. 저녁에 아이들의 전화가 왔다.

"교보문고에 가서 책을 사야 하는데요. 엄마가 전화를 안 받아요. 전도사님이 좀 같이 가주세요. 오늘 꼭 사야 하거든요."

저녁에 아이들 집으로 가서 전화를 했더니 맏딸이 말했다.

"전도사님, 엄마가 왔거든요. 동생과 함께 다 같이 가겠다는데 괜찮겠어요?"

"좋지."

그래서 오랜만에 자매를 만났다. 그런데 방금 외출하고 돌아온 모습이었다. 화장을 짙게 하고 외출복을 그대로 입고 있었다. 하지만 자매가 약혼자의 집에서 돌아온 사실은 몰랐다.

서울에 갔다가 돌아오면서 딸들이 고기를 먹고 싶다고 해서 사주었다. 자매는 이미 저녁을 먹었다고 했다. 약혼자와 함께 저녁을 먹고 돌아온 것으로 보였다. 자매는 참 알뜰했다. 특별한 경우가 아니면 자기 돈으로 밥을 사 먹는 일이 없었다. 그리고 집으로 돌아갈 때 맏딸이 말했다.

"저는 삐진 줄 알았어요."

"왜?"

그러자 다음 말을 하지 않았다. 이제야 그 뜻을 이해하게 되었다.

2005년 12월 20일 저녁, 자매로부터 전화가 왔다.

"저녁 식사하였어요? 주차카드도 돌려드려야 하고, 잠시 들릴까 하는데."

"그래요? 저녁 전이니 오세요."

그리고 한참 동안 기도했다. 주님 뜻대로 내 언행심사를 지켜달라고 부탁했다.

잠시 후 자매가 왔다. 약 1년 만이었다.

"많이 변했네요. 책도 많고, 화초도 잘 키우고."

자매가 특유의 사교성을 발휘하며 칭찬을 아끼지 않았다. 그리고 저녁을 함께 먹으며 이야기했다.

"동료 직원의 소개로 맞선을 보았어요. 그는 청주에서 근무하고 있어요. 지금 연금만 300만 원이 넘는다고 하네요. 나는 아직 200만 원도 안 되는데, 호호호. 우리는 먼저 양가 어른들과 양쪽 아이들을 만나보고 모두 좋다고 하면 그때 교제하자고 하였죠. 그래서 만나 얘기했더니 모두 좋다고 했어요. 그는 아들이 둘이고 나는 딸이 둘이잖아요. 그이 아이들은 여동생이 생겼다고 좋아하고, 내 아이들은 오빠가 생겼다고 좋아했어요. 그래서 우리는 결혼을 약속하고 만나고 있어요."

그다음 얘기를 한참 더 듣다가 나도 모르게 벌떡 일어나 축하한다고 악수를 청했다. 주체할 수 없는 심장 박동으로 그대로 앉아 있을 수가 없었다. 그리고 후식으로 먹다가 남은 아이스크림 봉지를 치우자 자매가 멋쩍은 표정을 지으며 자리에서 일어나려고 했다.

그래서 잠시 그대로 앉아 있으라고 했다. 그리고 두 사람의 장래를 위해 떨리는 마음으로 기도를 드렸다. 그러자 자매가 후다닥 일어나 끌어안으며 말했다.

"가끔씩 놀러 와도 되지요? 정말 미안해요."

순간 나는 예기치 못한 인사에 잠시 머뭇거렸다. 하지만 성령님이 강하게 내 입술을 주장하여 단호하게 말했다.

"안 돼!"

"저는 괜찮아요."

"그래도 안 돼! 새 사람 보기에도 그렇고, 하나님 앞에서도 그렇고."

그때 나는 새 사람이라고 의도적으로 말했다. 시기와 질투? 미움과 아쉬움? 아무튼 나는 진심에서 약간 벗어난 말을 했다. 그리고 다시 말했다.

"이제부터 당신은 유부녀잖아?"

이렇게 소리치면서 도덕적 교만과 신앙적 오만에 휩싸여 더욱 자매의 마음을 아프게 했다. 그러자 자매가 의외란 듯이 멈칫하며 팔을 놓았다. 이후 더 이상 자매를 만나지 않았다.

그때 온몸에 힘이 쭉 빠짐을 느꼈다. 정신조차 몽롱하고 속까지 매슥매슥했다. 가슴이 벌렁벌렁거리며 심장이 벌떡벌떡 뛰었다. 그리고 핸드크림과 중국어 성경을 건네주면서 한때의 연인으로서 마지막 선물이라고 했다.

그리고 그날 밤, 나는 두 눈을 또렷이 뜬 채 밤을 꼬박 새웠다. 기도하다가, 성경을 보다가, 책을 읽었다. 마음 한쪽 구석에 구멍이 뻥 뚫린 듯했다. 새벽기도 후 6시에 샤워하고 곧바로 일과를 시작했다.

내 심장은 계속 두근거렸다. 성령이 임하시면 안정이 되었으나, 그렇지 않으면 또 요동을 쳤다. 성령과 사탄의 싸움이 계속되었다. 그런데 입만 열면 감사기도가 줄줄 나왔다. 이율배반적이었다.

그러다가 하나님이 위로의 말씀을 주셨다.

"아들아, 지난 1년을 돌아보아라. 충격을 완화하려고 충분한 시간을 두고 계시하였다. 이런저런 환상을 보여주었고, 기도하게 했다. 지난 새벽에도 너는 이렇게 기도했다. '사랑도 내려놓고, 미움도 내려놓고, 오직 사역에 전념하겠다. 자매와의 관계도 깨끗이 정리하겠다.'

너의 연약한 심장을 보호하려고 수년 전부터, 그것도 점차적으로 깨우치게 했다. 하지만 너는 깨닫고 잊어버리기를 반복했다. 그동안 너는 사탄의 충실한 먹이사슬 안에 있었다. 하지만 내가 너를 건져냈다.

그래서 너는 나만 의지하고 살았다. 그런데 그 숱한 계시를 잊은 채, 불과 얼마 전에도, '백마 탄 사람이 아직 나타나지 않았으면 우리 다시 관계를 회복하자.' 라고 메일을 보냈다. 하지만 나는 자매의 마음을 강하게 붙잡았다.

그리고 너의 마지막 미련까지 다 버리게 하려고 내 말을 네 입술에 두며 단호하게 했다. 나중에 있을지도 모르는 위험한 부담까지 사전에 제거했다. 하지만 너는 그로 인해 기력을 잃었다.

그래서 너는 힘이 빠졌던 것이고, 속까지 텅 비었던 것이다. 그러나 너는 너의 빈 그릇에 성령을 채울 것이다. 이제 곧 그렇게 할 것이다. 체질도 변하고 마음도 변해서 속사람까지 완전히 변할 것이다."

다음날 나는 하루 종일 졸리지 않았다. 충격이 그만큼 컸던 것이다. 저녁에 교회로 갔다. 삼일예배를 드린 후 합심기도를 했다. 텅 빈 내 심령이 성령으로 가득 채워지기를 위해 기도했다. 그러사 성령님이 내 마음을 어루만지셨다.

"지난 밤 날밤을 새웠잖아요?"

"그랬지. 그래도 졸리지 않았지?"

"어떻게 아셨어요?"

"내가 그렇게 하였지."

자매와 헤어진 후 나는 1주일간 거의 밥을 먹지 못했다. 속이 메스껍고 울렁거려 밥이 넘어가지 않았다. 입에 댈 생각도 없었다. 수업은 월요일에 있었지만, 무료함을 달래려고 목요일에도 청강생으로 나갔다. 들을 만한 강의가 있기도 했다.

저녁 10시에 수업이 끝나자 여전도사가 일산까지 따라와 미음을 끓여주었다. 그리고 흰죽 끓이는 법도 소상하게 일러주었다. 잠시나마 위로를 받았다. 집까지 태워다주고 돌아왔다.

이렇게 해서 변덕쟁이 형제의 애틋한 러브 스토리는 애증의 물결이 되었고, 한 편의 멜로드라마처럼 비련으로 막을 내렸다. (2005. 12. 22)

046. 각오

그리고 다음 날 아침, 2통의 메시지를 2명의 자매에게 보냈다.

"예쁜 집사님, 즐거운 주말입니다. 며칠간 텅 빈 것 같은 속사람이 이제 성령으로 채워지고 있네요. 주님의 일에만 전념하며 살겠어요. 주님의 영광을 위해서요. 이제는 정말 행복합니다. 오늘도 좋은 날 되세요."

"어머니처럼 자상하고 동생처럼 어여쁜 전도사님, 어제 정말 고마웠어요. 덕분에 오늘 아침에는 일어나 운동도 하고, 식사도 하고, 약도 먹었어요. 오늘만 푹 쉬면 완전히 회복될 것 같아요. 오늘도 좋은 날 되세요."
(2005. 12. 23)

"새해 새날 새 아침이 밝았습니다. 주님께서 더욱 기뻐하시는 예쁜 집사님 되세요. 바람과 공기, 호흡은 우리 눈에 보이지 않지만, 예수님은 지금도 생명 주는 영으로 우리와 함께 계시지요. 우리 안에서도, 우리 집에서도, 언제 어디서나 계십니다. 우리에게 감사하고 사랑하는 마음도 주시지요.

지난 연말에 주님의 은혜가 너무나 크고 놀라워 한없이 눈물을 흘리며 감사드렸답니다. 하지만 집사님을 만나고 헤어진 뒤, 나 자신도 예상치 못한 충격을 받고 거의 1주일 동안 식사도 못 했습니다. 참으로 부끄럽네요.

사실 집사님을 비롯해 몇 사람에게는, 사랑하는 마음과 아울러 미워하는 마음도 없잖아 있었지요. 하지만 그 모든 것이 일시에 깨어지면서, 모든 사람을 사랑하시는 주님의 마음이 내 속에서 우러나왔습니다.

집사님, 지난 4년 동안 정말 고마웠습니다. 돌아보면 지금도 감사의 눈물이 글썽거리네요. 아직도 내 주변에 집사님의 따스한 손길이 얼마나 많이 남아 있는지. 생각날 때마다 집사님과 가족을 위해 기도하겠습니다.

그리고 새로 맞이한 분을 위해서도 기도합니다. 이제는 그분을 위해 정리할 친구도 있겠지요. 물론 업무적이나 신앙적으로 교제는 해야겠지만,

그분과 하나님께 누가 될 만한 일은 사전에 불식하는 게 좋겠지요.

큰딸은 내 믿음의 딸과 같지요. 나는 여전히 두 딸을 사랑합니다. 언젠가 준 사진도 간직하고 있고요. 내게 진작 주님의 마음이 있었더라면, 집사님에게 그 마음을 나눠주었을 텐데. 아쉬운 마음이 있습니다. 하지만 주님이 집사님에게도 똑같은 마음을 주시리라 믿어요.

우리의 인생은 정말 잠시 잠깐입니다. 이 세상의 부귀영화와 공명은 예수님의 사랑에 비하면 아무것도 아닙니다. 오직 생명의 주이신 예수 그리스도를 중심에 모시고 살아가는 것이 중요합니다.

할렐루야, 감사합니다! 주님을 사랑하는 마음으로 만유를 사랑합니다! 우리 살아있으니 감사합니다! 우리 안에 주님이 계시니 너무 좋습니다! 주의 이름으로 집사님을 사랑합니다! 사랑하는 가족과 더불어 행복한 새해가 되기를!

채플에서 설교한 예화가 마음에 와 닿아 올립니다. 물론 누가 전해준 글입니다.

'로키산맥 해발 3,000m 고지대의 나무들은, 태평양에서 불어오는 매서운 칼바람으로 인해 곧게 쭉쭉 뻗어 자라지 못하고, 무릎 꿇은 모습으로 자란다고 합니다. 그런 최악의 환경에서 살아나려면 무릎을 꿇을 수밖에 없겠지요. 그런데 세계적으로 가장 떨림이 좋은 명품 바이올린은, 바로 그 무릎 꿇은 나무로 만들어진다고 합니다. 마찬가지로 아름다운 영혼으로 인생의 절묘한 화음을 내는 사람도, 고난 없이 좋은 환경에서 살아온 금(金)수저가 아니라, 온갖 역경과 풍파를 겪은 흙(土)수저일 것입니다. 어쩌면 극한의 상황에서 두 무릎을 다 꿇은 사람일 수도 있습니다. 새해 새날이 좋은 것은 다시 시작할 수 있기 때문입니다. 무엇인가 다시 시작할 수 있다는 자체가 기쁨이요, 행복입니다. 아무리 늦은 시작도 마침보다는 빠릅

니다. 할렐루야! 아멘.'

 이제 지난 50년간의 전반부 인생을 마감하고, 주님을 위한 후반부 인생을 시작했습니다. 세상에 대한 미련은 다 내려놓았습니다. 오직 주님과 함께 순례자의 길을 걸어갈 것입니다. 사랑도 미움도, 세월의 아픔도 추억의 앨범에 끼워 넣고, 통발 속에 들어가 달콤한 미끼를 따먹은 나날들까지 역사의 뒤안길로 넘겼습니다. 사람들이 추구하는 모든 것이 거추장스럽고 귀찮게 느껴집니다.

 그럼에도 알고 보면 참으로 멋진 인생입니다. 집사님, 이제부터 우리는 언제 어디서나 예수 그리스도만 붙잡고 삽시다. 주님을 놓치면 인생에서 실패하고, 주님을 잡으면 인생에서 승리합니다. 주님의 이름으로 축복하고 사랑합니다." (2006. 1. 3)

 "축하합니다. 이제 큰딸도 의젓한 대학생이 되었군요. 다시 보아도 세월이 참 빠르긴 빠르군요. 병아리 같은 아이들이 벌써 숙녀가 되었어요. 예수 그리스도 안에서 성장하고 성숙하여, 더욱 예쁘고 착한 딸들이 되기를 기도합니다.

 지난 2월 4일 노회에서 안수를 받았습니다. 교단 사정과 내 형편에 따라 다소 앞당겨 안수를 받았습니다. 하지만 실감이 나지 않습니다. 주변에서 목사라고 부르니 내가 정말 목사인가 싶습니다. 아무리 봐도 목사 같지 않습니다.

 그리고 상가는 집사님 명의로 등기가 복구되어 다시 내놓았습니다. 좋은 결과가 있을 것입니다. 이제까지 숱한 잘못을 저질러 징계도 많이 받았지만, 모든 일이 합력하여 선을 이루는 모습을 무수히 경험했습니다.

 집사님의 가족을 위해 늘 기도하고 있습니다. 주님의 사랑 안에서 승리

하세요. 좋은 소식이 있으면 곧바로 연락하겠습니다." (2006. 2. 9)

"집사님 성격상 불편하게 들릴지 모르지만 한마디만 더 들어주세요. 이런 날 이런 메일을 저와 같은 사람에게 집단으로 보내는 것을 그분이 알면 어떻게 생각하실까요? 물론 전부 신앙적인 얘기지만.

그런 일은 없을 것이라 생각하지만, 오해하지 마세요. 요즈음 통신 발달로 상대방의 메일, 전화, 위치까지 마음만 먹으면 알 수 있다고 들었습니다. 부부간이라면 더욱 쉽게 알 수도 있겠지요. 함께 생활하는 시간이 많기 때문에 마음만 먹으면 어려운 일이 아니라고 봅니다.

솔직히 말해서, 나는 집사님 가정에 그 어떤 걸림돌도 되고 싶지 않습니다. 지난날이 오히려 죄송스럽기까지 합니다. 그래서 집사님을 만나도 사무적 얘기만 했으면 합니다. 다른 얘기는 너무너무 조심스러운 입장입니다.

외람된 얘기지만, 사람이 헤어지기는 쉬워도 만나는 것이 얼마나 힘든 일인가요? 만에 하나라도 내가 집사님 부부에 대해 경계나 오해의 대상이 되어서는 안 된다는 것이지요. 혹시 나로 인해 무슨 빌미를 제공하게 되면, 그분을 전도할 책임이 있는 집사님에게 더욱 큰 짐이 될 것이고, 주의 종으로서 나는 하나님의 영광을 가리는 결과가 되지 않겠습니까?

사실 이 세상은 영적 전쟁터입니다. 나 같은 사람은 더욱 큰 타격을 입을 수 있습니다. 현실적으로 막상 안수를 받고 보니, 벌써부터 수준 높은 시험이 따르고 있습니다. 쓸데없는 얘기까지 하네요. 아무튼 제가 말하는 취지를 이해하겠지요?

그러니 집사님이 내게 보내는 오해의 소지가 있는 메일은 삼가는 게 좋겠습니다. 집단 메일 중에 내 이름이 포함되어 있다면, 아예 주소를 지워

걱정거리를 없애는 것이 좋다고 봅니다. 만사 불여튼튼입니다. 제가 지나치게 소심하죠? 언제부턴가 그렇게 되었습니다. 양해바랍니다. 자라 보고 놀란 가슴 솥뚜껑 보고 놀란다는 말이 있잖아요. 지금 내 마음이 그렇습니다.

그렇다고 해서 주 안에서의 교제까지 단절하자는 말은 아닙니다. 나와 집사님은 다 같은 주님의 자녀로서 하나님의 영광을 위한 서로의 필요가 얼마든지 있다고 봅니다. 어찌 보면 사람을 안다는 것이 큰 재산입니다.

다만 이성으로서 오해의 소지는 없애야 한다는 것입니다. 전과가 있는 만큼 더욱 조심하자는 뜻이지요. 그래야 시시때때로 다가오는 사탄의 올무를 사전에 제거할 수 있습니다. 집사님의 가족 전도와 가정의 행복은 전적으로 집사님 손에 달려있습니다.

그러므로 가급적 오해의 소지가 있는 전화도 삼가는 게 좋겠고요. 집사님의 개방적인 성격상 그저 조심하는 게 서로 좋을 것 같다는 말입니다. 집사님과 집사님의 가정을 위한다는 것이 오히려 마음을 불편하게 했는지 모르겠네요.

사실 나는 하나님의 영광을 가리는 사탄의 방해공작을 매우 조심하고 있습니다. 그동안 내 의지가 약해 하나님이 주신 숱한 계시와 명령을 무시하여 흑암의 권세인 사탄의 먹잇감이 되었습니다. 얼마나 많은 실패를 거듭했는지 집사님도 어느 정도 짐작할 것입니다.

다시 말하지만, 내 생각이 집사님 마음에 썩 내키지 않을 수도 있습니다. 하지만 그건 생각의 차이로서, 서로의 단점을 보완하는 약일 수 있습니다. 그리고 시내 중개인이 상가 계약을 추진 중인데, 계약을 위한 집사님의 위임장이 필요하다고 하네요. 연락이 오면 다시 전화하겠습니다. 오늘도 승리하세요!" (2006. 2. 14)

"먼저 은혜로운 찬양 감사드리고요. 메시지로 이미 알려드렸지만, 상가 계약이 취소되었다는 연락을 받았습니다. 하나님의 생각은 우리의 생각과 다른가 봅니다. 하지만 결과는 합력하여 선을 이룰 것입니다. 내 오랜 경험으로 미뤄볼 때, 이는 의심의 여지가 없습니다. 하나님을 믿으니 조금 더 기다려봅시다.

그리고 집사님 보기에 내가 너무 냉정하다는 생각이 들죠? 지금은 이해가 되지 않겠지만 나중에는 이해가 되리라 믿어요. 혹시 내 실수로 한 영혼이라도 실족하게 되면 하나님의 의를 이룰 수 없음은 물론, 주의 종으로서 생명도 끝날 수 있다는 믿음 때문입니다.

그리고 보니 어제가 내 50번째 생일이었습니다. 40대를 마감하고 50대를 맞이하게 되었지요. 50대 이후는 주님만을 위해 살기로 다시 한 번 다짐해봅니다. 얼마 있으면 집사님도 40대 후반이 되는군요. 아쉬운 일이 많다 보니 더욱 세월이 빠른 것 같습니다.

하나님께서 우리에게 단 한 번의 삶을 주셨고, 누구나 태어나게 하신 목적이 있습니다. 우리가 하나님의 영광을 위해 있다는 것이지요. 우리의 인생이 하나님의 영광을 위한 것인지 항상 살피고 체크해봐야 합니다.

그렇게 하지 않으면 더러운 영의 하수가 되기에 십상입니다. 불행하게도 나는 그렇게 오랫동안 살아왔습니다. 그러므로 이제 바라기는, 더 이상 악한 세력의 종이 되지 말아야 한다는 것입니다. 기회만 주어지면 자꾸 부담스러운 이야기를 해서 미안해요. 시간이 되어 그만 일어나야겠네요. 그럼 다음에. 오늘도 승리하세요." (2006. 3. 3)

2005년 12월 30일 금요일, 여의도에서 2005년 마지막 철야예배를 드렸다. 여전도사가 인도했다. 자매는 그 교회에서 15년 동안 집사로 봉사했다.

내가 실의에 빠졌을 때 많은 도움을 주었다.

나를 떠난 자매는 애당초 나를 이용한 여우였다고 하면서, 시름에 빠진 나를 위로해주었다. 내 설교에 파워만 들어가면 훌륭한 목회자가 될 수 있다고 하며, 실연의 후유증에서 하루속히 벗어나기를 위해 기도해주었다.

2006년 여전도사가 어느 교회에 부임하면서 신학교를 떠났다. 사역을 앞두고 3일간 금식하며 내게 와서 나를 도와주었다. 그때 자매가 말했다.

"저를 사랑하지만 않는다면 언제나 옆에서 도와드릴 수 있어요."

여의도에서 철야기도가 끝나고 집에 돌아온 뒤 메시지를 받았다.

"감사드려요. 원하는 것은 무엇이든 다 해드리고 싶어요. 늘 곁에 있을 거예요. 무사히 집에 도착해서 씻고 잠자리에 들었습니다. 편히 쉬세요. 뭐라고 한마디 하셔야죠?"

"그러지요. 전도사님은 그렇게도 잠이 없어요?"

2005년 12월 31일 저녁 7시, 신학교 목사님의 생일파티가 있었다. 여전도사가 마지막으로 봉사를 했다. 오늘 아침에도 어김없이 여전도사의 메시지가 왔다. 오후 4시경에 만나자고 했다. 위로도 좋지만 자꾸 만나는 것이 왠지 마음에 걸렸다. 그래서 하나님께 여쭤보기로 했다.

그런 일로, 어쩌면 사소한 일로 하나님께 여쭤보는 것이 처음에는 어색했으나, 언제부턴가 기도할 때마다 응답해주시는 자상한 하나님을 알게 되었다. 그래서 지금은 아주 하찮은 일까지 스스로 결단하기 어려울 때는 하나님께 여쭤보는 습관이 생겼다. 얼마나 세세하고 디테일하신 하나님이신지.

"하나님 아버지, 오늘 여전도사를 만날까요? 만나지 말까요? 어떻게 할까요? 주님이 선히 여기시는 대로 이끌어주소서."

그리고 의자에 기대 눕자 피곤함이 몰려왔다. 그때 어차피 다른 일을 하지 않고 쉴 바에는 성탄절 설교를 들었으면 하는 생각이 들었다. 시간이 지나면 그 설교를 들을 수 없었기 때문이다.

그래서 설교를 듣다가 불현듯 성령님의 감동이 있어 휴대전화를 들고 메시지를 보냈다. 사실 휴대전화로 메시지를 보내는 것도 여전도사를 만나 배운 것이었다.

"도둑고양이 같은 만남을 삼가는 게 좋을 듯합니다."

그러자 즉시 회답이 왔다.

"그러면 먼발치에서 기도드릴게요. 다시는 여우를 만나지 마세요."

"짧은 시간이었지만 정말 고마웠어요. 하나님의 은총이 함께하시기를 빕니다."

"건강하시고 깊은 곳에서 주님을 만나시길 빌게요."

여전도사와의 만남도 그렇게 끝났다. 하지만 여전도사는 내게 3번째 연인이었다. 비록 스킨십 한번 없었으나 많은 시간을 함께했다. 그동안 4번이나 저수지를 함께 거닐었고, 군종병으로 근무하는 아들 면회도 서너 차례 갔고, 겸사해서 인근 기도원에서 기도도 드렸다.

그리고 2006년 1월 1일 새날이 밝았다. 여전도사에게 미안한 생각이 들었다. 조울증이 다시 도진 게 아닌가 싶었다. 헤어진 자매와의 후유증이 채 아물기도 전에, 여전도사까지 스스로 내친 것은 아닌지 안타까운 마음이 들었다.

그래서 신년예배와 찬양예배가 끝난 뒤 메시지를 보냈더니 저녁에 회신이 왔다.

"덕분에 새로운 얼굴들과 함께 은혜 가운데 사역을 잘 감당하고 있습니다. 늘 기도 부탁드릴게요."

"하나님께 영광을! 잘하시리라 믿어요. 나도 사역에만 전념하기로 했어요."

"저 또한 마찬가지예요. 새로 만난 사람들이 낯설지도 않고, 오래전부터 알고 지낸 사람들 같아요. 많은 것을 배우면서 기도하는 맘으로 일해야죠."

"그래야지요. 언제 어디서나 주님이 함께하시리라 믿어요."

"잠시나마 마음을 혼미하게 만든 점 너무 죄송스럽게 생각합니다. 하지만 은혜는 잊지 않겠습니다."

"그러게요. 나도 그런 감동을 받고 일하고 있었어요."

"편안한 밤 되세요."

"안녕히!"

047. 세례

아주 오래전 일이다. 예수님을 믿고 처음으로 꿈을 꾸었다. 교회에 나간 때는 10살쯤으로 짐작된다. 신작로 왼편에 깎아 세운 듯 수직에 가까운 절벽이 있었고, 오른편에 불쑥 튀어나온 너럭바위가 있었다. 그 아래쪽에 깊이가 2m, 폭이 20m쯤 되는 강이 있었다.

나는 실오라기 하나도 걸치지 않은 알몸으로 물속에 잠겨 있었다. 물이 맑아 거울을 보는 듯했다. 물속에서 숨을 쉴 수도 있었고, 눈을 뜨고 안팎을 훤히 볼 수도 있었다. 모든 것이 만족스러웠고, 기분도 더할 나위 없이 좋았다. 물속에서 마냥 살고 싶었다. 그러다가 너럭바위로 올라갔다.

바위 위에 깨끗이 빨아서 개켜놓은 내 옷이 있었다. 어머니가 갖다놓은 것으로 짐작되었다. 의심의 여지 없이 옷을 챙겨 입었다. 그리고 강줄기를 쭉 훑어보았다. 강 건너편에 옹기종기 모여앉아 빨래하는 아낙네들이 보였다. 병풍 속의 동양화를 보는 듯했다. 모든 것이 넉넉하고 평화로웠다.

너럭바위 위쪽으로 강을 따라 이어진 신작로가 있었다. 상쾌한 기분으로 신작로를 따라 걸어가며 주위를 살펴보았다. 강가에는 크고 작은 몽돌들이 널려 있었고, 물속에는 다양한 고기들이 헤엄치며 놀았다. 수양버들을 비롯해 온갖 나무들이 있었으며, 그 그늘 아래 어미 소와 송아지, 풀밭에 염소들이 앉아 쉬고 있었다. 가지각색 풀들이 무리를 지어 무성하게 자라고 있었으며, 미세한 바람에 산들산들거렸다.

강 건너 들판에는 곡식들이 누렇게 익었으며, 메뚜기와 방아깨비를 잡으려고 이리저리 뛰노는 아이들이 클로즈업되었다. 흰옷 입은 농부들이 여기저기서 일했다. 그 모든 것이 조화를 이뤄 한 치의 오차도 없이 12폭 이상의 동양화를 연출했다. 그야말로 풍요와 여유, 자유와 평화, 기쁨과 행복이 흘러넘쳤다. 근심걱정이나 불평불만은 티끌만큼도 찾아볼 수 없었다.

얼마 후 나는 신작로를 따라 다시 내려오고 있었다. 그때 신비로운 기운이 대자연에 가득했다. 이상야릇한 기분에 휩싸였다. 나도 모르게 양손을 높이 들고, 하늘을 우러러 하나님을 찬양하여 외쳤다.

"할~렐루야!"

그 순간 참으로 놀라운 일이 일어났다. 여기저기서 다양하게 터져 나오는 의미심장한 소리! 그 의미는 같았으나 저마다 색다른 소리! 장엄한 오케스트라의 연주가 만방에 울려퍼지면서 만물이 하나님을 찬양하였다.

강변에 널려 있는 돌들과 들풀들, 각종 나무와 물속의 어패류, 지상의 다양한 동물들, 잔잔히 흐르는 시냇물, 시원하게 불어오는 바람까지, 메뚜기를 잡는 아이들과 일하는 농부들, 황금 들판의 곡식들, 그야말로 유형무형의 모든 피조물이, 내가 외친 "할렐루야!"에 맞춰 각자 독특한 언어로 화답했다.

하지만 그 소리를 어떻게 설명할 수가 없었다. 적어도 1주일 이상을 우리말로 해석하거나 번역하려고 애썼으나, 도저히 불가능하다는 사실을 깨달았다. 하지만 그 의미는 하나로 분명했다. 무한한 감사와 기쁨으로 거룩하신 하나님께 영광을 돌리는 것이었다. 할렐루야! 아멘.

"나는 낙원으로 이끌려 올라가 도저히 표현할 수도 없고, 누구에게 알릴 수도 없는 소리를 들었습니다." (고린도후서 12 .4)

048. 천국

2000년 11월 중순, 자양동 고시원에서 수유역 여관으로 거처를 옮겼다. 추위와 소음으로 불면증에 시달리다가, 따뜻하고 고요한 방에서 숙면을 취하니 천국이 따로 없었다. 날마다 단잠을 자며 마냥 행복했다. 감사가 저절로 우러나왔다.

"오, 주여! 감사합니다. 여기가 바로 천국입니다."

여관 옥탑방은 어머니 품처럼 포근한 안식처였다. 거기서 기력을 회복하여 하루도 빠짐없이 새벽예배에 나갔고, 도봉산에 올라가 기도하며 여명을 맞이했다. 아래쪽 상수리나무 숲에서 올라오는 새벽 기운을 한껏 마셨다. 그때 장애인신문사 기자가 찾아와 취재도 했다. 그게 계기가 되어 후일 장애인협회에 취직도 했다.

또 거기서 많은 환상도 보고 글도 썼다. 동업자 2명과 함께 사무실을 얻어 부동산중개업도 했다. 실무 경험은 없었으나 내가 나이도 많고 중개사 자격증이 있어 소장이 되었으며, 동업자 2명은 상무가 되었다.

새벽 4시에 일어나 씻고 우이동에 있는 교회로 갔다. 새벽예배를 드리고 도봉산에 올라가 날마다 기도했다. 희끄무레 밝아오는 동녘 하늘을 하염없이 바라보며 여명을 맞았다. 영롱한 아침햇살이 산을 타고 내려와 너럭바위를 비추면, 그때 자리를 정돈하고 일어났다. 그리고 곧장 사무실로 나가 걸레를 빨아 청소했다. 난로를 켜서 따뜻하게 해놓고 동업자들이 나오기를 기다렸다.

제5편

무지개 은혜

049. 뱀

뱀이 대가리를 버쩍 쳐들고 나를 꼬나보고 있었다. 깜짝 놀라 물러서 보니, 그 몸뚱어리에 불이 붙어 타고 있었다. 그러다가 곧 숯덩이가 되었다.

(2001. 1. 7. 01:45)

050. 미꾸라지

긴 막대기에 미꾸라지 아가미를 꿰어 높이 세웠더니, 몸을 구푸려 자기 꼬리부터 먹기 시작했다. 그러다가 자기 몸뚱어리를 다 먹어치웠다. 대가리만 남은 미꾸라지가 징그럽고 보기 싫어 강 건너편으로 던져버렸다.

그때 달구새끼 2마리가 갑자기 나타나 쏜살같이 덤벼들었다. 순간 대가리만 남은 미꾸라지가 닭으로 변하더니, 그들과 어울려 모이를 쪼아 먹었다. (2001. 1. 8. 03:14)

051. 온천수

눈을 감자 큰 벽이 앞을 가로막았다가 서서히 물러갔다. 왼손엔 성경책을, 오른손엔 수금포를 들고 일터를 향해 걸어가고 있었다. 그때 '거룩한 훈장'이 빛나는 예복에 금테 모자를 쓰고 다가와 말했다.

"온천수가 콸콸 솟아오르고 있으니, 그 물을 쓰시오!"

그리고 내 곁을 슬쩍 지나갔다가 다시 돌아왔다. (2001. 1. 9. 05:40)

052. 화물차

잠시 눈을 붙였다가 다시 환상을 보았다. 승용차를 타고 어디론가 가고 있었다. 내 앞에서 화물차가 알짱거렸다. 어쩔 수 없이 그 뒤를 천천히 따라갔다. 그러다가 화물차 꽁무니를 살짝 들이받았다. 화물차가 뒤로 미끄러지며 길을 통째로 가로막을 듯했다. 그래서 길옆으로 살짝 비켜섰다. 화물차가 미끄러지는 틈을 타서 쏜살같이 앞으로 나아갔다. (2001. 1. 9. 06:30)

053. 핏자국

희미한 터널 안을 걷다가 미끄러져 넘어졌더니, 그 자리에 선명한 핏자국이 보였다. 온몸이 오싹하고 소름이 끼쳤다. (2001. 1. 10. 04:54)

054. 뚱보

푸른 셔츠를 입은 뚱보가 돈을 한 보따리 안고 있었다. (2001. 1. 11. 17:00)

055. 유혹

기도하다가 사탄의 유혹을 받았다. 내 혼인 일자가 잡혔다. 그런데 신부를 보니 내 할머니였고, 중매자를 보니 내 부모였다. 소스라치게 놀라 비명을 질렀다. 그런데 사람들은 아무렇지 않은 듯 혼인식을 준비하느라 분주

했다. 예식은 러시아 모스크바에서 치러질 예정이고, 내일 아침에 모두 출발한다고 했다. 항해를 위한 배도 예약되었다고 했다.

할머니는 의자에 앉아 화장을 했고, 부모는 그 옆에서 할머니를 도왔다. 어처구니가 없어 소리를 꽥 질렀다.

"할머니와 결혼이라니, 세상에! 말도 안 돼! 옛사람들도 이런 유혹에 빠져 모두 죽었다! 이 결혼은 결코 있을 수 없어! 당장 집어치워요!"

그러자 주변에서 웅성거리는 소리가 들렸다.

"친부모가 아니면 괜찮잖아?"

그 말을 듣고 더욱 기가 막혀 소리쳤다.

"부모와 결혼하는 것보다 할머니와 결혼하는 것이 더 큰 죄야! 할머니는 부모의 부모잖아? 할머니가 부모보다 더 큰 어른이야!"

그러자 비로소 내 말을 알아들은 듯, 사람들이 서로 얼굴을 마주 보며 당황하기 시작했다. 그 마음이 무디어 지극히 상식적인 것도 잊은 듯했다. 그 틈을 타서 더욱 크게 소리를 질렀다.

"만에 하나라도 이런 결혼을 강요한다면, 누구나 반드시 죽게 될 거야!"

그리고 일어나 쌍미닫이 유리문을 박차고 뛰쳐나왔다. 깊은 흑암의 수렁에서 벗어난 듯 개운함을 느꼈다. 돌아보니 창살 없는 감옥이었다. (2001. 1. 16. 01:53)

056. 교회

처음에 보인 글도 '김 공 지 그리고 교회'였고, 나중에 보인 글도 '김 공 지 그리고 교회'였다. 하지만 그 의미가 무엇이지 아직도 모른다. (2001. 1. 17. 17:25)

057. 국수

어느 연수원에 출장을 갔다가 국수를 샀다. 돌아가는 차를 타기 위해 기다리다가 이종사촌 형제들을 만났다. 그들과 함께 식사를 하려고 식당에 갔다. 그런데 그들이 국수 한 그릇과 밥 한 공기만 시켰다. 그래서 사람 수에 맞춰 국수를 추가로 시키고 물어보았다.

"왜 사람 수에 맞춰 시키지 않았지?"

그러자 그들은 돈이 없다고 했다. 그래서 음식 값은 내가 낼 테니 걱정하지 말라고 했다. (2001. 1. 25. 07:30)

058. 미션

　나와 몇 사람이 옆방에서 일하다가 중간 방으로 옮겼다. 그리고 대전으로 이사하기 위해 다시 짐을 쌌다. 짐은 많지 않았으나 중요한 미션이 있어 부담되었다. 그때 한 노인이 유리로 둘러싸인 방에서 죽을 쑤다가, 내 미션까지 솥에 넣어 끓였다. 그리고 그릇에 나눠 담아 오더니, 우리에게 먹으라고 하면서 탁자 위에 올려놓고 나갔다.

　우리는 여전히 이사준비를 했으나 책상 열쇠를 찾지 못해 우왕좌왕하고 있었다. 급기야 이사를 가지 않겠다는 사람이 나타났다. 너무 자주 이사해서 명함을 100번 넘게 만들었다고 푸념하는 사람도 있었다. 그래서 나도 이사를 가지 않으려고 했다. 그런데 내 미션이 없어 허전함을 느꼈다. 한편 홀가분하다는 느낌도 들었다. (2001. 1. 27. 06:58)

059. 동해안

　동해안에 가려고 길을 나섰다. 차가 없어 걸어가다가 삼거리를 만났다. 우로 갈까, 좌로 갈까 망설이다가 좌측으로 들어섰다. 조금 가다가 보니 날이 어두워졌다. 비까지 추적추적 내려 주변이 음산했다.

그때 우산 하나에 의지하여 달려가는 아베크족이 있었다. 길이 어둡고 침침하여 그 뒤를 바싹 따라갔다. 그런데 얼마쯤 가다가 사라지고 보이지 않았다. 홀로 터덜터덜 걸어갔다. 길이 비좁고 험했다. 강원도 방향은 크고 넓은 길로 알고 있었는 바, 길을 잘못 들었다는 생각이 들었다.

그러다가 날이 희끄무레 밝기 시작했다. 뒤쪽에서 버스가 오고 있었다. 진퇴양난에 빠져 무조건 버스를 탔다. 그리고 동해안에 가려다가 길을 잃었다는 사실을 밝히고, 버스가 어디로 가는지, 어떻게 해야 동해안으로 가는지 물어보았다.

하지만 똑 부러지게 알려주는 사람이 없었다. 그들도 잘 모르는 것 같았다. 다만 그 버스가 기흥으로 간다고 했다. 그래서 급히 버스에서 내렸다. 기흥은 동해안이 아니라 서해안에 있는 것으로 알았기 때문이다.

그리고 방향을 바꿔 되돌아가기 시작했다. 차도 없이 길을 잃고 헤매는 나, 낯설고 막연한 길, 내 신세가 한없이 처량했다. '버스를 타고 그냥 기흥으로 갔으면 이 고생은 하지 않을 텐데.' 하고 후회가 되었으나 소용이 없었다. (2001. 1. 30. 07:50)

"생명에 이르는 문은 좁고, 그 길도 험하여 찾는 사람이 적다." (마태복음 7. 14)

060. 아침 햇살

주님을 사모하는 마음으로 자리에 누웠다. 우뚝 솟은 2개의 산봉우리에 눈이 덮여 있었다. 신령한 아침 햇살이 쫙 비치자, 얼어붙은 눈이 녹으면서 푸른 초목이 자라기 시작했다.

늘 하던 대로 일찍 일어나 교회에 갔다. 새벽예배를 드리고 도봉산에 올랐다. 기도원 우측에 있는 응답의 바위로 올라갔다. 동녘 산마루에서 떠오르는 태양을 바라보며 두 팔을 벌리고 기도했다. 그리고 자리에서 일어나 한 바퀴 쭉 돌아보았다.

그때 기도원 뒤쪽 바위산 꼭대기에서, 서서히 내려오는 아침 햇살을 보고 깜짝 놀랐다. 새벽에 보았던 환상이 눈앞에 그대로 펼쳐져 있었기 때문이다. (2001. 2. 3. 07:00)

061. 선물

하나님께서 돈 3,000만 원과 아파트 1채를 선물로 주셨다. (2001. 2. 6. 21:00)

062. 메기

붕어를 미끼로 달아 강에 낚시를 던졌더니, 크고 강한 고기가 물었다. 힘겹게 끌어올리고 보니 메기였다. 팔뚝만 한 메기가 붕어를 반쯤 물고 있었다. (2001. 2. 15. 06:28)

063. 소

진눈깨비가 많이 내렸다. 마을 어귀에 있는 절벽에서 수차례 눈사태가 일어났다. 이어서 큰 폭발음이 들렸다. 마지막 때가 임한 것으로 보여 무서웠다. 눈 쌓인 바닥에 머리를 처박고 기도했다. 그리고 일어나 보니, 눈사태가 쏟아진 자리에 큰 소가 한 마리 있었다. (2001. 2. 16. 01:38)

064. 개관식

두세 사람과 함께 고스톱을 쳤다. 어찌 된 영문인지 내가 싹쓸이했다. 점수가 너무 많이 나와 결국은 판이 깨지고 말았다. 돈을 세어 보니 30만 원쯤 되었다. 그게 맥시멈이었다.

이어서 무슨 개관식에 참석했다. 동관과 서관, 식당 등의 부속관이 있었다. 기독교 의식으로 행사가 진행되었으며, 행사가 끝난 뒤 음식이 나왔다. 그런데 건물 구조를 보니 기도원이나 수도원처럼 보였다.

작은 방에 여러 사람이 모여 있었다. 그들 가운데 지금까지 소외된 친구들, '영원한 순종'과 '순전한 사랑'도 있었다. 그들과 반갑게 인사를 나눴다. 내가 무슨 모임을 인도하는 듯했다. (2001. 2. 19. 06:09)

065. 속삭임

새벽 3시 3분에 자리에 누웠더니, 귓가에 은은한 찬양 소리가 들렸다. 자매의 감미로운 속삭임도 들려왔다.

"자기, 메일 정말 잘 쓴다."

"그래? 그럼 어디 출품이라도 해볼까?"

그때 찬양 소리가 다시 귓전을 울리며 한참 지속되었다. 일어나 보니 4

시 3분 전이었다. 새벽기도 갈 시간이었다. (2001. 2. 21)

066. 성금

"빚 갚아주세요!"하고 부르짖었더니 "구제하라!"고 하셨다. 그래서 편지 봉투 5개를 준비하여 이렇게 썼다.

"만유의 주재이신 아버지 하나님과 우리 주 예수 그리스도의 이름으로 이 성금을 드립니다." (2001. 3. 10. 05:58)

067. 부엉이

부엉이 1마리가 자기 발을 장화 벗듯이 벗고, 그 발을 통째로 먹어버렸다. 그런데 그 발 속에서 깨끗한 새 발이 나왔다.

'찬양의 아들'이 도장을 하나 새겼다. 모양은 내 인감과 비슷했으나 글자는 대통령이었다. (2001. 3. 13. 01:55)

068. 감자

감자밭에 홍수가 났다. 모래와 부엽토 등이 밀려와 밭을 한 꺼풀 덮어버렸다. 그런데 그게 오히려 전화위복이 되었다. 척박한 땅에 유기질이 첨가되어 감자가 수박만큼 자랐던 것이다. 그래서 사람들은 호미가 아니라 삽과 괭이로 감자를 캐고 있었다. (2001. 3. 21. 01:15)

069. 믿음의 가게

새벽녘에 메시지가 들려왔다.

"주님의 말씀 2구절을 의지하여 믿음의 가게로 가거라. 거기서 2가지 선물을 받아라." (2001. 3. 23. 04:30)

070. 의사당

높은 바위산 위에서 아래를 내려다보니, 사람들이 멍석을 깔아놓고 윷놀이를 했다. 멍석 자체가 말판이라 멀리서도 윷판이 보였다. 그들 옆에 맛있게 끓여놓은 국수도 있었다.

절벽 위에서 현기증을 느꼈다. '신선한 진보'가 옆에 있었다. 그도 어지럼증을 호소해 안정을 취하게 했다. 그때 절벽 위에서 강 아래까지 연결된 사닥다리가 보였다. 사다리를 타고 아래로 내려가 보니 의사당이었다. 장애를 가진 의원도 서너 명 있었다. 안심이 되어 잠시 자리에 누워 쉬었다.

그리고 강변을 거닐었다. 길 가운데 쓰러진 고사목이 있었다. 자세히 보니 나무 밑동의 껍질이 벗겨져 있었다. 게다가 온갖 넝쿨이 휘감겨 있었다. 그리고 쓰러지면서 허리가 부러진 듯, 두 동강이 나서 길가에 나뒹굴었다. (2001. 4. 2. 02:23)

071. 돼지감자

어린아이를 데리고 힘겹게 걸어가고 있었다. 아이를 떨쳐버리고 싶었으나 차마 그럴 수가 없었다. 그래서 자동차를 개조하게 되었다.

돼지감자 2포기를 화단에 심었다. 화단이 진창이었다. 뿌리는 잘 자랐으나 속이 텅 비어있었다. (2001. 4. 3. 01:45)

072. 자매

'순수한 황금'과 데이트를 하다가 보니 바로 그 자매였다. 자매는 참 알뜰했다. 주어진 환경에 적응하면서 최선을 다해 살아가는 모습이 너무나 아름다웠다. 여러 가지 어려운 여건 속에서도 늘 밝은 미소를 잃지 않았다. (2001. 4. 4. 03:30)

073. 파키라

모닥불보다 조금 더 큰 황덕불이 타고 있었다. 모든 것이 다 타고 숯불만 수북이 쌓였다. 내 주변의 모든 것이 깡그리 타버린 듯했다.

자매가 45회 생일선물로 준 파키라(money tree)가 야자수처럼 자랐다. 사람들이 그 그늘 아래 쉬어갈 정도였다. 그 나무는 실제로 잘 자라고 있다.

장애인 단체에 우편물이 수북이 쌓여 있었다. 대부분이 내가 처리할 것이었다. 특히 큰 봉투에 든 것은 공문서로 매우 중요한 과제로 보였다. (2001. 4. 8. 07:15)

"너희 인내로 너희 생명을 얻을 것이다." (누가복음 21. 19)

074. 무지개

2000년 추석 연휴가 끝난 다음 날, 우이동 집을 나와 자양동 고시원으로 갔다. 거기서 2개월 있다가 수유역 여관방으로 옮겨 5개월 살았다. 그리고 2001년 4월 12일 쌍문동 본가로 들어갔다. 아버지는 청송에서 따로 살았고, 어머니와 막냇동생만 본가에 있었다.

일반헌금 외에 특별헌금을 실시했으나 여전히 부족했다. 그래서 작정헌금을 실시했더니 처음보다 더 많았다. 33명이 작정하고 그 액수도 컸다.

자매가 무슨 일로 또 짜증을 냈다. 사사건건 불평불만이 가득 찬 옛 모습 그대로였다. 참다못해 부엌칼을 들고 찌르는 흉내를 내다가 옆구리를 살짝 스쳤다. 깜짝 놀라 아이들에게 반창고를 가져오라고 소리쳤다. 그러자 자매가 바로 옆에 있다고 했다.

그래서 장롱 서랍을 열어보았더니 오래된 일회용 밴드가 있었다. 그 밴드를 상처에 붙여주었다. 하나로 부족하여 하나 더 붙였다. 그러자 십자가 모양이 되었다.

그때 나를 보니 벌거벗고 있었다. 아이들 보기에 민망했다. 한편 자매를 보니 너무 측은해 보였다. 하지만 옛 모습이 연상되어 고개를 흔들었다.

어느 곳에서 무연묘를 손질하고 있었다. 애초 2기만 손볼 예정이었으나 앞에 1기가 더 있어 그것도 다듬었다. 무덤 위에 개똥이 있어 멀리 던져버렸다. 봉분을 깨끗이 하고 호미로 주변을 긁은 뒤 배수로를 만들었다. 그렇게 마무리하고 옆으로 나와 소리를 질렀다.

"할렐루야!"

그러자 아래쪽에서 누가 올라왔다. '거룩한 영광'이었다.

마을 친구들과 함께 학교운동장에서 놀다가 화장실에 들어가 소변을 보았다. 주변이 불결하여 깨끗이 청소를 했다.

'바른 열정'이 큰 가마솥에 굵직굵직한 다슬기를 삶아 푸고 있었다. 그에게 말했다.

"아이들만 먹일 것이 아니라 어른들도 먹게 이제 그만 퍼라."

그러자 그가 다슬기 푸기를 멈췄다.

오늘은 부활주일이자 특별새벽기도 40일째 마지막 날이다. 성령님의 인도로 40일간의 목적기도를 마쳤다. 기도하면서 울기도 많이 울었고, 이래저래 은혜도 많이 받았다.

새벽기도가 끝난 뒤 도봉산 응답의 바위에 올라 양팔을 벌리고 여명을 맞이했다. 싱그러운 새벽공기를 한껏 들이마셨다. 태양이 막 솟아오를 즈음이었다. 먼 동녘 하늘 산마루에서 내가 서 있는 응답의 바위까지 무지개가 걸쳐져 있었다. 그때 내 주변에 신령한 기운이 감돌았다.

산에서 내려와 이 사람 저 사람에게 물어보았으나, 아침 7시 전후에 무지개를 보았다는 사람은 아무도 없었다. 이날을 전후하여 1주일간 비가 온 적도 없었다. 그렇다면 마른하늘에 무지개가 떴다는 것인데, 내게만 특별히 보여주신 하나님의 은혜가 아닌가? (2001. 4. 15. 03:25)

"거기 앉은 분의 모습은 벽옥과 홍옥 같았고, 보좌에는 비취옥 같은 무지개가 있었습니다." (요한계시록 4. 3)

075. 맹독나무

내가 태어난 고향 마을로 갔다. '기도의 효과' 집으로 올라가는 길목에 맹독나무 두 그루가 있었다. 언뜻 보면 벚나무 같았고, 금방 꽃이 필 듯했다. 그런데 꽃이 피고 잎이 떨어지면, 그 독으로 살아남을 사람이 아무도 없었다. 그래서 친구들과 함께 의논한 끝에, 그 나무를 제거하기로 했다.

우선 말뚝 2개를 만들었다. 작은 말뚝은 '기도의 효과'가, 큰 말뚝은 내가 메고 친구들과 함께 맹독나무 곁으로 갔다. 모두가 나무 주변에 서서 머뭇거렸다. 내가 나무 밑을 파기 시작했다. 앞에 있는 작은 나무를 캐내고 작은 말뚝을 박았다. 물기가 많은 모래땅이었다. 실뿌리 하나도 상하지 않게 고스란히 들어냈다.

그리고 바지를 벗어 옆에 두고 다른 바지로 갈아입었다. 바지가 젖어 독성에 노출될 위험이 있었기 때문이다. 이어서 큰 나무 밑을 파다가, '신실한 아들'에게 괭이를 넘겨주었다. 괭이가 삽처럼 넓고 커서 모래땅을 파기에 안성맞춤이었다.

'신실한 아들'이 나무 주변을 파다가, '기도의 효과'에게 다시 넘겨주었다. 얼마 후 하얀 수염뿌리가 드러났다. '기도의 효과'가 모두 보란 듯이 소리를 질렀다.

"실뿌리 하나도 다치게 해서는 안 된다!"

그리고 마지막까지 조심조심 파고들어갔다. 뽀얀 잔뿌리가 눈송이처럼 조롱조롱 매달려있었다. '기도의 효과'가 나무를 안심시키려고 에둘러 다시 소리쳤다.

"실뿌리 하나도 다치게 해서는 안 된다!"

이어서 물기가 뚝뚝 떨어지는 실뿌리를 조심스럽게 모아 나무를 들어냈다. 위험을 무릅쓰고 작업에 나선 우리들 바지는 흙과 모래, 물기와 땀으로 흠뻑 젖어 있었다. 하지만 다른 친구들은 여전히 옆에서 지켜보기만 했다. 혹시라도 미칠지 모르는 맹독나무의 저주가 두려웠기 때문이다. (2001. 4. 17. 03:09)

"예수님이 대답하셨다. '이런 귀신은 오직 기도로만 쫓아낼 수 있다.'" (마가복음 9. 29)

076. 마무리

길을 가면서 보니, 직선 공사는 어느 정도 마무리되었으나 인터체인지의 곡선 공사는 아직 진행 중이었다. 그리고 휴게소에 들렀더니, 장애인 단체가 커피 자판기를 독점하고 있었다. 장애인 단체장이 내게 말했다.

"6개월만 되었으면 중요 직책을 맡길 수 있었을 텐데."

그때 나는 모든 일이 순조롭게 진행되고 있었으나, 무엇인가 마무리가 잘 안 되고 있다는 느낌을 받았다. (2001. 4. 18. 06:11)

077. 채소

언젠가 우리 집 뒤뜰에 심어놓은 고추와 부추, 상추 등의 채소가 파릇파릇 자라나는 모습이 보였다. 보기에 참 좋았다. (2001. 4. 21. 06:51)

078. 가족

　내 자동차가 자전거로 바뀌더니, 자동차 전용도로까지 오솔길로 바뀌었다. 그때 산을 보니, 내 가족이 절벽에 매달려 바둥거리고 있었다. 그 모습을 보고도, 나는 어쩔 도리가 없었다. 너무 많은 짐을 지고 있었기 때문이다. 그래서 결국은 하나씩 절벽 아래로 떨어지고 말았다.

　그런데 그 떨어진 곳을 보니, 내 가족은 보이지 않고 통나무만 나뒹굴었다. (2001. 5. 3. 06:10)

079. 거북이

　어떤 여자가 거북이 한 마리를 붙잡아가려고 했다. 그래서 그 거북이가 슬퍼하지 않겠느냐고 일러주었다. 그때 홀로 남은 암거북도 하소연했다.

　"어떡해요!"

　그러자 그녀가 조금 가다가 돌아와 거북이를 놓아주고 나와 함께 길을 떠났다.

　장애인 단체장이 내 휴대전화를 빌려 가 사용하고 있었다. 그가 길가에 있는 무덤을 손질하고 있었으나, 나는 모른 체하고 그냥 지나가버렸다.

어떤 건물이 허물어져 내려앉았다. 사람들이 모두 피신한 뒤 조심스럽게 들어가 보니, 건물은 비스듬히 쓰러져 있었으나 상태는 견고해 보였다. 그래서 사무실 문을 열고 들어가 약간 일을 보았다. (2001. 5. 14. 06:12)

080. 백지

어떤 사람이 "돈, 돈, 돈!" 하더니 돈은 점점 더 멀어져갔고, "빚, 빚, 빚!" 하더니 빚은 점점 더 쌓여만 갔다.

그리고 백지 1장이 보였다. 왼쪽 중간에 824라는 숫자가 있었고, 아래쪽 가운데 새싹이 돋아나고 있었으며, 오른쪽 상단에 로고가 새겨져 있었다.

(2001. 5. 17. 07:10)

081. 원고

선생님이 내게 일어나 원고를 읽으라고 했다. 잔뜩 긴장한 상태로 일어나 읽었으나 잘못 읽었다. 다시 읽으라고 해서 읽었으나 또 틀렸다. 선생님이 원고를 가지고 나오라고 했다. 그래서 원고지 2장을 들고 나갔더니 말했다.

"책망해서 미안하구나."

장애인 세계에서 일하고 있었다. 내가 무엇인가 그들에게 도움을 주는 역할을 했다. 무슨 어려운 과제를 하나둘씩 처리했다. 일을 마치고 귀가하려고 할 때, 어떤 사람이 창문을 넘어 안으로 들어가는 모습이 보였다. 궁금해서 아래쪽 문으로 살그머니 따라가보았더니, 신입직원들이 오리엔테이션을 받고 있었다.

그때 내 뒤에 있는 사람이 나를 그들에게 인사시켰다. 그래서 엉겁결에 내 소개를 하게 되었다. (2001. 5. 21. 06:25)

082. 바위산

높은 바위산 꼭대기에서 폭포가 쏟아져 내리고 있었다. 그러다가 물이 거꾸로 솟구쳐 올라가더니, 바위산 여기저기서 푸른 초목이 자라나기 시작했다. 사시사철 푸른 잎을 가진 나무들과 갖가지 풀들이 무성하게 자라났다.

그러자 바위산이 연두색 옷으로 갈아입고 생기를 되찾았다. 금세 수목이 가득한 푸른 산으로 바뀌었다. (2001. 5. 22. 20:44)

083. 감

아버지가 살고 있는 시골로 짐작되었다. 가파른 언덕 위에 허름한 집이 있었고, 집 앞에 감나무가 있었다. 얼마 전에 본 감나무는 작았고, 열매가 단추만 할 때 모두 떨어져 결실치 못했으나, 이번에 본 감나무는 컸고, 감이 주렁주렁 달려 금방 따먹을 정도로 익어 있었다.

그때 나는 돈이 필요했다. 그 감을 따서 팔면 어느 정도 돈도 마련할 수 있고, 남은 감은 더욱 충실하게 익을 것으로 보였다.

그리고 얼마 후 명절을 맞아 실제로 아버지가 살고 있는 시골에 갔다. 그런데 그 집이 정말 가파른 산비탈에 있었고, 마당에 감나무와 대추나무가 있었다.

어머니가 삶은 계란 2개를 주었다. 부활주일의 계란처럼 글과 그림이 있었다. 하나는 '世明敎會(세명교회)'라는 글과 그림이 있었고, 아래쪽에 장애인 단체명이 찍혀 있었다.

다른 하나는 그림과 장식은 있었으나 글을 쓸 자리가 비어 있었다. 무슨 글이든 직접 써넣으면 될 듯했다. (2001. 5. 23. 06:59)

"어느 날 밤, 환상 가운데 주님이 바울에게 말씀하셨다. '겁내지 말고 계속 전하라. 잠자코 있지 마라.'" (사도행전 18. 9)

084. 번호표

사람들이 번호표를 들고 줄을 서 있었다. 늘어선 줄 옆까지 사람들이 꽉 차서 발 디딜 틈도 없었다. 나는 뒤에서 밀어준 누군가의 도움을 받아 그들 사이를 비집고 들어가 번호표를 받았다. 19번이었다. 그런데 다시 보니 91번이었다.

그때 '긍휼히 여김'이 와서 나를 이끌어갔다. 얼마 후 그와 함께 나란히 벤치에 앉아 있었다. (2001. 5. 24. 06:31)

085. 황금

'순수한 찬양'과 함께 번쩍이는 황금을 바라보고 있었다. (2001. 5. 26. 05:20)

086. 창문

주일 새벽기도 시간에 답답함을 느끼고 주변을 살펴보았다. 그곳을 빠져 나가려는 내 기운이 창문을 향해 계속 나아가고 있었다. 하지만 창문은 모두 굳게 닫혀 있었고, 눈에 보이지도 않았다. 그래서 밖으로 나가지 못한 채 안에서 회오리치듯 맴돌았다.

너무 갑갑해 예수 그리스도의 이름으로 부르짖었더니 모든 창문이 활짝 열렸다. 그런데 창문 밖에 또 창문이 있었다. 사방에 4개가 있었다. 다행히 모두 열려 있었다. 창밖을 보니, 어느새 어둠이 사라지고 찬란한 아침햇살 이 비쳤다. (2001. 5. 27. 07:00)

087. 재판장

큰 강에 나지막한 다리가 있었다. 그 중간쯤에서 낚시를 했다. 손바닥만 한 대물이 잡혀 끌어당겼다. 그런데 다리 앞에서 머뭇거렸다. 강물이 잉크 빛처럼 시퍼렇고 탁했기 때문이다. 그런데 막상 낚싯대를 들어 올리고 보니, 생각과 달리 고기가 무척 깨끗했다.

그때 다리 입구에 앉아 있던 재판장이 크게 화를 내며 나를 심판하려고 했다. 내가 두려워했더니, 어떤 사람이 내 뒤에 있다가 그를 호되게 나무랐다. 그러자 재판장이 머리를 조아리며 어찌할 바를 몰라 했다.

너무 감사해서 돌아보니, 키가 늘씬하고 용모가 준수한 분이 내 뒤에서 나를 지켜주고 있었다. 주님이셨다. 의심할 바가 없었다. (2001. 5. 30. 07:00)

088. 친구

어느 건물 난간에 서 있다가, 건물이 무너지면서 아래로 떨어졌다. 그런데 슬래브에 굵은 철근이 들어 있어 흔들거리기는 했으나 아주 쓰러지지는 않았다. 그때 '윤택한 수단'이 도와줘서 위로 올라가게 되었다. 그는 소아마비로 다리를 절었으나, 기억력도 좋고 사교성도 뛰어났다.

그런데 그가 난간에서 나를 돕다가, 그만 아래로 떨어지고 말았다. 다리를 잡고 고통스러워하다가 일어나기는 했으나, 그를 도와줄 수가 없어 너무 안타까웠다. 나는 옥상에 있었고, 그는 땅바닥에 있었기 때문이다.
(2001. 6. 4. 06:07)

089. 아들

자동차 시동이 걸리지 않았다. 셀모터만 윙윙 돌아가고 엔진으로 연결되지 않았다. 여기저기 살펴보았으나 원인을 찾을 수가 없었다. 마지막으로 연료계통을 보았으나 이상이 없었다. 연료가 쭉쭉 올라가고 있었다.

그래서 포기하고 아들을 불렀다. 아들이 극장 안에서 영화를 보다가 뛰어나왔다. 아들과 함께 손을 잡고 밖으로 나갔다. (2001. 6. 11. 06:14)

"바울이 그 환상을 본 뒤, 우리는 곧 마케도니아로 건너가려고 했다. 마케도니아 사람들에게 복음을 전하라고, 하나님께서 우리를 부르신 것으로 확신했기 때문이다." (사도행전 16. 10)

090. 인사(人士)

인생 학교에서 생명 공부를 마치고 졸업할 때가 되었다. 여럿이 무엇을 상의하다가 어떤 사람이 막걸리 한 잔을 마시라고 권했다. 즉시 사양했다.

그리고 취업준비를 위해 약속시간을 정하고 학교를 나가려는 참이었다. 그런데 우락부락하게 생긴 규율부장이 가로막았다. 그때 '세 현인'이 나타나 나를 보내주었다. 그래서 약간 지체하긴 했으나, 무사히 약속장소에 도착할 수 있었다. 그곳은 내가 자란 우리 집이었다.

잔치에 참석한 사람들의 떠들썩한 소리가 아랫방과 사랑방에서 들렸고, 가운데 방에 나와 약속한 사람들이 있었다. 방문을 열고 들어가보니, 각계각층의 인사들이 먼저 와서 기다리고 있었다. 내가 도착한 뒤에도 몇 사람이 더 참석했다. (2001. 6. 16. 06:32)

091. 잠

나뭇가지 위에서 먹고 자며 지냈다. 땅에 사는 사람들이 나를 보고 말했다.

"흙에서 자면 흙으로 돌아간다. 모래땅에서 자던 사람이 죽었다. 언젠가 어린아이 하나가 땅에서 자다가 몸이 녹아버렸다."

그 말을 듣자 불안하기 그지없었다. 하지만 너무 졸려서 나뭇가지를 안고 잠이 들려고 했다.

"자면 안 되는데."

어떻게 하든지 자지 않고 버텨보려고 했으나 너무 피곤해서 결국 잠이 들었다.

"일어나야 해!"

기를 쓰고 엄지손가락을 깨물어보았으나 감각이 없었다. 잠에서 깨어날 수가 없었다.

'깨어나야 돼'

다른 손가락을 차례로 다 깨물어보았으나 무감각했다. 너무 피곤해서 도저히 일어날 수가 없었다. 내 몸이 천근만근, 마치 물먹은 나무토막 같았다. 몸부림치며 발악했지만 역부족이었다.

'아, 이렇게 잠들다니. 이다지 깊은 잠이 들다니. 보통 손가락을 깨물면 깨어나곤 했는데. 이렇게 해서 아주 자는 건가?'

죽음에 대한 두려움이 들기는 했으나, 너무 피곤해 잠에서 깨어나기를 포기하려고 했다.

'이제 나도 잠이 들었으니, 내 몸도 녹아버리겠지!'

그때 전화 벨소리가 요란하게 들렸다. 새벽 4시 20분이었다. 세수하고 교회에 갈 시간이었다. 밤새도록 잠과 씨름한 나머지, 일어나기는 했으나 몸이 말을 듣지 않았다.

'이대로 쓰러져 잠이 들면 정말 죽을지 몰라. 그래, 일어나자! 일어나야 해! 주님이 살려주셨지 않은가?'

그리고 몸을 일으켜 세면장으로 갔다. 새벽예배에 참석했으나 말씀이 제대로 들리지 않았다. 그러다가 마지막에 딱 한 마디 들렸다.

"하나님을 경외한 산파가 자기 왕을 배신하고 복을 받았다!"

예배를 마친 뒤 산에 가려고 길을 나섰다. 도봉산 기도원으로 가다가 차를 돌려 우이동 도선사로 갔다. 산사 길목에 놓인 벤치에 누워 하늘을 우러러보았다. 잠시 후 인기척을 듣고 일어났다. 운동하는 사람들이 올라오고 있었다. (2001. 6. 17. 07:06)

092. 상(賞)

어떤 사람이 내게 1004호 아파트를 상으로 주었다고 하면서, '우수한 뿌리'를 통해 전해주었다. (2001. 6. 18. 20:55)

093. 담임

어느 학교에 사람들이 모여 있었다. 친지와 친척들도 눈에 띄었다. 두 줄을 길게 서 있었다. 한 줄은 아예 땅바닥에 주저앉아 느긋하게 기다렸고, 다른 줄은 그런대로 술술 빠져나갔다.

나는 영문도 모르고 잘 빠져나가는 줄에 서 있다가, 어느 교실 안으로 들어가게 되었다. 그때 '찬양의 아들'이 와서 말했다.

"저기 서서 기다리는 줄은 교실로 들어가는 사람들이고, 술술 빠져나가는 줄은 학교 밖으로 나가는 사람들이다."

그 말을 듣고, 나는 줄에서 이탈하여 복도를 따라 쭉 내려갔다. 한 교실은 학생들의 수업이 진행되고 있었으나, 다른 교실은 학생들이 하나도 없었다. 그래서 거기서 음식을 먹었다. 조그만 접시에 반찬을 담아 먹다가 바닥에 떨어뜨렸다. 다시 주워 먹었다. 그리고 남은 음식은 싸서 쓰레기통에 버렸다.

식사를 마치고 5-3-1반 담임 선생님을 찾으려고 했다. 그런데 누가 선생님이고 누가 학생인지 몰랐다. 그래서 이 사람 저 사람에게 물어보았다. 그때 한 선생님이 나를 불러 일러주었다.

"선생님이 바로 5-3-1반 담임이십니다." (2001. 6. 19. 05:50)

094. 문패

작고 허름한 판잣집이 보였다. 야자수로 보이는 나무도 몇 그루 있었다. 곳곳이 허물어져 볼품이 없었다. 나무들이 뿌리째 뽑혀 두세 동강이 난 상태로 길가에 나뒹굴었다. 그 집을 손보려고 산에서 내려갔다. 그런데 그사이 누군가에 의해 말끔히 정리되어 있었다.

그리고 어느 곳에 들렀더니 시체들이 있었다. 이어서 비워둔 지 꽤 오래된 초가집 앞에 이르렀다. 그런데 낯익은 문패가 보였다. 언젠가 내가 써서 붙여놓은 것이었다.

"林奉生效 第一銀行 投資信託 (임봉생효 제일은행 투자신탁)"

문패가 거미줄 안쪽에 가려져 있기는 했으나 또렷이 새겨진 글자가 보였다. 대못으로 기둥에 굳게 박혀 있었다. 그런데 그 뜻을 알 수가 없었다. 아무리 생각해봐도 이해하기 힘들었다. (2001. 6. 24. 19:28)

095. 복지카드

새벽기도를 마치고 잠시 의자에 기대어 누웠더니, 내 손에 복지카드가
들려 있는 모습이 보였다. (2001. 7. 5. 19:24)

096. 해와 달

해와 달이 동시에 동쪽 하늘에 떠 있었다. 구름 속에서 나올 듯 말 듯하
며 순간순간 빛을 발했다. 시원하게 빠져나오지 못해 안타까웠다.

단체장 차를 찾기 위해 이리저리 헤매고 다녔다. 아무리 돌아다녀도 보
이지 않았다. 어디에 두었는지 기억도 없었다. 차 범퍼와 넘버 조각이 길바
닥에 떨어져 있어 혹시나 하고 맞춰보기도 했다.

휴대전화에 부재중 전화번호 서너 개가 찍혀 있었다. 전화를 했더니, 단
체장이 무슨 지구당 사무실 건물 3층에 있는 호프집에서 화투를 친다고
했다. 그곳을 찾아가 보았더니, 단체장이 양쪽 다리를 다 풀어놓고 고스톱
을 치고 있었다. 차를 찾지 못했다고 보고했더니, 태연자약하게 알았다고
했다. (2001. 7. 13. 06:23)

097. 오리발

갑자기 내 앞에 오리발이 불쑥 튀어나왔다. 자세히 보니 붉은 글씨로 '不可(불가)'라고 쓰여 있었다.

"이게 뭐야?"

그러자 다시 오리발이 나왔다. 이번에는 푸른 글씨로 '察光熙(찰광희)'라고 쓰여 있었다. 하지만 그게 무슨 뜻인지 알 수가 없었다. (2001. 7. 14. 06:17)

098. 포도

포도나무에 푸르고 알찬 포도가 주렁주렁 달려 있었다. 그런데 자세히 보니, 포도 알맹이가 절반이나 빠져 부실하기 짝이 없었다. (2001. 7. 15. 19:00)

099. 오물

　어릴 때의 시골집과 변소의 방향이 바뀌어 있었다. 나를 보니, 금방 이발한 머리에 오물이 묻어 있었다. 기분이 영 좋지 않았다. 언짢은 마음에 밖으로 나가보니, 마침 이발소가 있었다. 얼른 웃옷을 벗고 머리를 감으려 했더니, 이발사가 와서 내 머리에 묻은 오물을 말끔히 닦아내고 깨끗이 감겨주었다. (2001. 7. 22. 10:59)

100. 자금

　스키장 사업에 마지막 박차를 가함으로써, 합병을 통해 다시 추진하려고 했다. 그들도 지치기는 마찬가지였으나, 새로 시작하는 모습을 보니 다소 안심이 되었다. 총 429억 원의 자금이 투입되었다고 했다. (2001. 7. 25. 05:30)

101. 건물

　내가 일하는 사무실 건물이 낡기는 했으나 20층은 족히 되어 보였다. 내 책상 위에는 소모품이 널려 있었다. 일하다가 잠시 밖으로 나가 건물 벽을 만져보았다. 시멘트벽에서 모래 부스러기가 우수수 떨어졌다. 건물이 붕괴할 조짐이 있었다.

　건물에서 빠져나와 사무실을 쳐다보았더니, 모세와 여호수아가 내 책상에서 일하고 있었다. 그래서 다급히 소리를 질렀다.

　"모세님! 모세님! 건물이 무너질 듯합니다! 붕괴 조짐이 있어요! 빨리 나오세요!"

　그러자 모세가 여호수아를 데리고 내가 있는 곳으로 나왔다. 그때 건물이 쓰러지기 시작했다. 건물이 앞으로 넘어질 것이라 생각했으나 뒤로 비스듬히 쓰러졌다. 1층과 2층은 거의 붕괴되었으나 나머지 층은 뒤쪽 건물에 비스듬히 기대어 누워 있었다. 다행히 뒤쪽 건물이 견고해 더 이상 넘어질 우려가 없었다. 그래서 소지품을 챙기려고 건물 안으로 다시 들어갔다.

　그런데 내 책상과 의자, 소모품 등이 이상하리만큼 하나도 흐트러지지 않고 그대로 있었다. 그래서 하나하나 다 챙겨서 밖으로 나왔다. (2001. 7. 27. 07:52)

102. 산행

　장애인협회 직원들이 산행을 나섰다. 다들 앞서 나갔으나 나와 '윤택한 수단'만 뒤에 남았다. 그래서 다소 미안하기는 했으나, 나도 '윤택한 수단'을 뒤에 두고 앞으로 나가려고 했다. 그러다가 숱하게 돌부리에 걸려 넘어지고 도랑에 빠졌다.

　무더운 날씨에 장애인이 산행을 한다는 게 그리 쉬운 일이 아니었다. 어렵게 산기슭에 있는 휴게소에 도착했다. 그때 아래쪽에서 누가 나를 불렀다. 하지만 대답하지 않았다. 또 일행에 뒤처질지 모른다는 생각이 들어 그냥 산을 오르려고 했다. 그런데 그게 너무 막연하다는 생각이 들었다.

(2001. 8. 5)

103. 짝

　의원들이 의사당에 모일 시간이 되었으나, 어찌 된 영문인지 하나같이 늦어지고 있었다. 대표로 보이는 젊은이 하나만 나타나 무엇인가 열심히 준비했다. 그는 나이가 어렸으나 머리는 하얗게 세어 있었다. 그가 하는 일을 보니, 계단 아래서 의족을 손보는 것이었다. 여러 의족을 두고 요리조리 살펴보며 짝을 맞추고 있었다.

그런데 잘 맞춰가다가 마지막 2개를 맞추지 못해 애쓰고 있었다. 대퇴와 하퇴의 짝이 서로 맞지 않았다. 그러다가 신경질을 내면서 내팽개치고 자리를 떠났다. 옆에서 그 모습을 지켜보다가, 내가 맞춰보았더니 아예 자기 짝이 아니었다.

그래서 혹시나 하고, 다른 의족을 갖다 맞춰보았더니 딱 들어맞았다. 그래서 고무망치로 고정시켜 조립을 완성했다. 그러자 남아 있는 2개의 의족은 자동으로 짝이 되었다. 그런데 마지막으로 맞춰진 것이 바로 내 의족 같았다. (2001. 8. 12. 08:59)

104. 버스

고수부지의 자전거 전용도로 맞은편에서 버스 2대가 다가오고 있었다.

"아니, 저 버스가 왜 이 좁은 길에 들어왔지?"

그때 나는 '만남'이라는 교회에 다니고 있었다. 하지만 나 보기가 역겨워 나가지 않고 있었다. 어쩌면 그와 관련이 있는 것처럼 보였으나 자세히 알 수는 없었다. (2001. 8. 12. 11:28)

105. 돈

63억인지 6억 3,000만 원인지 확실치는 않았으나, 내 통장에 큰돈이 입금되었다. 먼저 드러난 빚을 갚고 나니 2억 9,000만 원쯤 남았다. 그리고 드러나지 않는 빚, 양심적 채무와 도덕적 부채, 장래의 빚까지 모두 갚자 9,000만 원이 남았다.

그런데 남은 돈 9,000만 원을 어디에다 쓸지 고민이 되었다. 정말 돈은 없어도 걱정, 있어도 걱정이었다. 혹시라도 돈이 필요치 않은 세상이 있다면, 그곳이 바로 우리가 찾는 유토피아일 것이다. (2001. 8. 16. 20:37)

106. 종

오, 주여! 모든 사람이 이렇게 말하는 종이 되게 하소서.

"너는 참으로 주의 종이로다. 누가 너와 같은 길을 걸으며, 누가 너와 같은 은총을 받으며, 누가 너와 같은 열매를 맺으며, 누가 너와 같은 영광을 드러내리오." (2001. 9. 1. 06:22)

107. 게

오늘은 디데이(D-day)다. 어제까지 백지 1장이 남았으나, 오늘은 냄비에서 꽃게탕이 끓고 있었다. 냄비 옆에 속이 꽉 찬 참게도 있었다. 껍데기가 불그스레하게 익고 있었다. 그때 설익은 게 한 마리가 꿈틀거리다가 땅바닥에 떨어졌다. 그런데 잠시 후에 보니, 제자리에 그대로 엎혀 있었다. (2001. 9. 7. 05:59)

108. 짐

평소 나를 무시하던 '최종 성공'이 와서 눈물을 흘리며 진지하게 사과했다. 그래서 내 마음이 흡족했다.

봉고차에 무거운 짐을 싣고 산비탈 계단을 힘겹게 오르고 있었다. 그런데 정상을 코앞에 두고 더 이상 올라가지 못할 것이라는 예감이 들었다. 순간 봉고차가 뒤로 미끄러지기 시작했다. 1970년 사고의 악몽이 떠올랐다. 바로 옆 골목길로 차를 후진시켜 세웠다.

그리고 그 짐을 지게에 지고 아래로 내려갔다. 지게 목발이 너무 길어 계단에 걸려 주저앉았다. 그 지게는 내 아버지가 지던 것이었다. 짐이 점점 더 무거워졌다. 잠시 쉬려고 계단에 내렸더니, 지겟가지 부러지는 소리가 들렸다. 하지만 아랑곳하지 않고 계속 지고 목적지까지 가서 내려놓았다. 그러고 보니 지게는 더 이상 쓸 수가 없었다. 그래서 옆으로 던져버렸다.

그때 내가 지고 온 짐을 어떤 사람이 정리하기 시작했다. 봉지에 싸인 것을 조심스럽게 풀고 있었다. 그런데 가까이 가서 보니, 그야말로 아무짝에도 쓸모없는 먼지와 티끌이었다. 그동안의 수고가 너무 허탈하여 손을 툭툭 털며 걸어 나왔다. (2001. 9. 9. 08:18)

"수고하고 무거운 짐을 진 사람은 다 내게로 오십시오. 내가 여러분을 쉬게 할 것입니다." (마태복음 11. 28)

109. 머리

내가 머리를 깎고 결연한 모습을 보이자, '순수한 선택'이라는 자매도 머리를 깎고 내 일에 동참했다. (2001. 10. 16. 06:07)

110. 태양

이는 환상 이야기가 아니다. 울적한 기분을 달래려고 남한산성에 올라갔다가 실제로 목격한 일이다. 산성을 돌아보다가 연붉은 동그라미를 보았다. 저 멀리 있는 소나무 사이에서 반짝반짝 빛을 발하며 요리조리 나무를 비껴가며 가까이 다가왔다.

석양에 의한 착시현상인가 싶어 눈을 비비고 다시 보았으나 아니었다. 분명히 뭔가 있었다. 그런데 어느 정도 가까이 오더니 사라졌다. 그 연분홍빛 동그라미가 무엇이었을까? 왜 가까이 다가왔다가 사라졌을까?

그리고 저녁에 환상을 보았다. 찬란한 태양이 솟아오르고 있었다. 연분홍빛 동그라미를 그리며 올라오자 주변이 환하게 밝았다. 그런데 갑자기 검은 구름이 나타나 태양을 가렸다. 구름이 걷히기를 바랐으나 점점 더 널리 퍼져 온 하늘을 뒤덮었다. 태양이 구름을 벗어나기는 힘들어 보였다.

(2001. 11. 18. 21:33)

111. 빈털터리

내 짐을 차에 싣고 어디론가 가고 있었다. 가다가 보니 자매의 여동생 자녀 3명이 걸어가고 있었다. 그들을 태우고 다시 길을 나섰더니 포클레인이 다가왔다. 그래서 잠시 차를 길옆에 세웠다.

포클레인이 지나가다가 내 차 전조등을 깼다. 기사가 내려와 정중히 사과했다. 그리고 수리해주겠다고 하면서 명함을 건네주었다. 그때 나는 엘피지 가스가 폭발할지 모른다는 생각이 들었다. 그래서 아이들과 함께 서둘러 차에서 내렸다. 그리고 견인차를 불러 정비소로 옮겼다. 그때 가스가 새는가 싶더니 차에 불이 붙었다.

차가 금세 불길에 휩싸였다. 119를 부르라고 소리쳤으나, 119가 오기 전에 전소할 것이므로 소용이 없다고 했다. 그래서 내 차와 짐은 일순간 다 타버리고, 내 몸뚱이 하나만 덜렁 남았다. 다시 빈털터리 신세로 털레털레 길을 나섰다. (2001. 11. 25. 07:47)

112. 독거미

모든 사람이 잠든 사이에 독거미가 나타났다. 그 독거미를 짓뭉개 죽인 뒤, 사체를 불살라버렸다. (2001. 11. 26. 05:23)

113. 주님의 손

주님의 손, 그 거룩한 손이 내게 가까이 다가오고 있었다. (2001. 11. 28. 06:33)

114. 눈치

배 위에서 낚시를 했다. 눈치라는 고기가 눈치도 없이 계속 올라왔다. 미끼를 지렁이에서 밥풀떼기로 바꾸었더니 던지기가 무섭게 올라왔다. 고기를 끌어올리는 중에 몇 마리가 물속으로 떨어지기도 했다. 대부분이 씨알은 작았으나 잡힌 숫자가 많아 반찬감은 족히 되었다. (2001. 11. 29. 05:40)

115. 용돈

아버지가 봉투에 돈을 조금 넣어 주면서 용돈으로 쓰라고 하셨다. (2001. 12. 9. 14:34)

- 이어서 『예스 2, 소망의 불씨』가 계속됩니다. -